AF555153

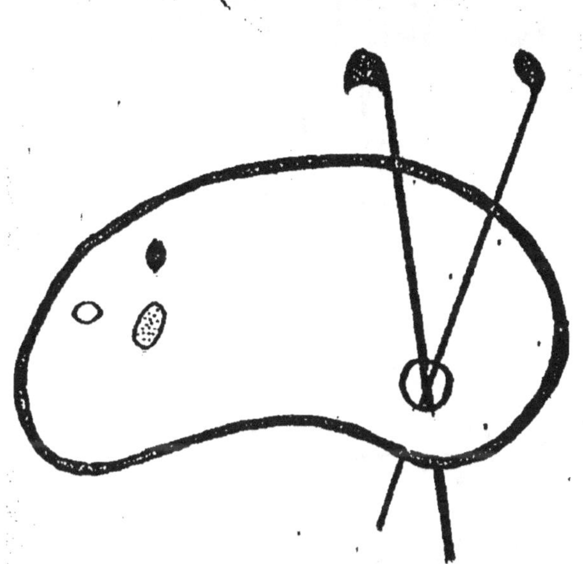

DEBUT D'UNE SERIE DE DOCUMENTS
EN COULEUR

8°R
14946
(249)

SCIENCE ET RELIGION
Études pour le temps présent

Le Catholicisme en Russie

14957

PAR

I. L. GONDAL S.S.
Supérieur du Grand Séminaire de Toulouse

PARIS
LIBRAIRIE BLOUD & Cie
4, RUE MADAME ET RUE DE RENNES, 59
1903

Tous droits réservés.

SCIENCE ET RELIGION

Études pour le temps présent. — Prix : 0 fr. 60 le vol.

— **Certitudes scientifiques et certitudes philosophiques**, par le R. P. DE LA BARRE, S. J., prof. à l'Institut catholique de Paris. 1 vol.

— *Du même auteur* : **L'Ordre de la nature et le Miracle.** 1 vol.

— **L'Ame de l'homme**, par J. GUIBERT, supérieur du séminaire de l'Institut catholique de Paris. 1 vol.

— **Faut-il une religion ?** par l'abbé GUYOT. 1 vol.

— *Du même auteur* : **Pourquoi y a-t-il des hommes qui ne professent aucune religion ?** 1 vol.

— **Nécessité scientifique de l'existence de Dieu**, par P. COURBET. 1 vol.

— *Du même auteur* : **Jésus-Christ est Dieu.** 1 vol.

id. **Convenance scientifique de l'Incarnation.** 1 vol.

— **Études sur la pluralité des mondes habités et le dogme de l'Incarnation**, par le R. P. ORTOLAN.

I. — *L'Épanouissement de la vie organique à travers les plaines de l'infini.* 1 vol.

II. — *Soleils et terres célestes.* 1 vol.

III. — *Les Humanités astrales et l'Incarnation.* 1 vol.

— *Du même auteur* : **La Fausse Science contemporaine et les Mystères d'Outre-tombe.** 1 vol.

id. **Vie et Matière ou Matérialisme et spiritualisme en présence de la Cristallogénie.** 1 vol

id. **Matérialistes et Musiciens.** 1 vol.

— **L'Au-delà ou la Vie future d'après la foi et la science**, par l'abbé J. LAXENAIRE. 1 vol.

— **Le Mystère de l'Eucharistie. — Aperçu scientifique**, par l'abbé CONSTANT. 1 vol.

— *Du même auteur* : **Le Mal**, sa nature, son origine, sa réparation. 1 vol.

— **L'Eglise catholique et les Protestants**, par G. ROMAIN. 1 vol.

— *Du même auteur* : **L'Inquisition**, son rôle religieux, politique et social. 1 vol.

— **Mahomet et son œuvre**, par I. L. GONDAL, professeur d'apologétique et d'histoire au séminaire Saint-Sulpice. 1 vol.

— *Du même auteur* : **L'Eglise Russe.** 1 vol.

— **Christianisme et Bouddhisme** (*Etudes orientales*), par l'abbé THOMAS, vicaire général de Verdun. 2 vol.

— *Du même auteur* : **Dieu auteur de la vie.** 1 vol.

id. **La Fin du monde d'après la Foi.** 1 vol.

— **Où en est l'hypnotisme**, son histoire, sa nature et ses dangers, par A. JEANNIARD DU DOT, auteur du *Spiritisme dévoilé.* 1 vol.

— *Du même auteur* : **Où en est le Spiritisme.** 1 vol.

id. **L'Hypnotisme et la science catholique.** 1 vol.

id. **L'Hypnotisme transcendant en face de la philosophie chrétienne.** 1 vol

— **L'Apologetique historique au XIXe siècle. La Critique irréligieuse de Renan, etc.**, par l'abbé Ch. Denis. 1 vol.
— **Nature et Histoire de la liberté de conscience**, par l'abbé Canet. 1 vol.
— **L'Animal raisonnable et l'Animal tout court**, par C. de Kirwan. 1 vol.
— **La Conception catholique de l'Enfer**, par l'abbé Brémond. 1 vol.
— **L'Attitude du catholique devant la Science**, par G. Fonsegrive. 1 vol.
— *Du même auteur* : **Le Catholicisme et la Religion de l'Esprit**. 1 vol.
— **Du Doute à la Foi**, par le R. P. Tournebize, S. J. 1 vol.
— *Du même auteur* : **Opinions du jour sur les peines d'outre-tombe.** 1 vol.
— **La Synagogue moderne**, sa doctrine et son culte, par A. F. Saubin. 1 vol.
— *Du même auteur* : **Le Talmud et la Synagogue moderne.** 1 vol.
— **Evolution et Immutabilité de la doctrine religieuse dans l'Eglise**, par M. Prunier, supérieur de grand séminaire. 1 vol.
— **La Religion spirite**, son dogme, sa morale et ses pratiques, par I. Bertrand. 1 vol.
— *Du même auteur* : **L'Occultisme ancien et moderne.** 1 vol.
— **L'Hypnotisme franc et l'Hypnotisme vrai**, par le Docteur Hélot. 1 vol.
— **L'Eglise et le Travail manuel**, par l'abbé Sabatier. 1 vol.
— **Unité de l'espèce humaine**, *prouvée par la similarité des conceptions et des créations de l'homme*, p. le marquis de Nadaillac. 1 vol.
— *Du même auteur* : **L'Homme et le Singe.** 2 vol.
— **Le Socialisme contemporain et la Propriété**, par M. G. Ardant. 1 vol.
— **Pourquoi le Roman à la mode est-il immoral et pourquoi le Roman moral n'est-il pas à la mode ?** p. G. d'Azambuja. 1 vol.
— **Comment se sont formés les Evangiles ?** par le P. Th. Calmes, professeur au grand séminaire de Rouen. 1 vol.
— **L'Impôt et les Théologiens**, *Etude philosophique, morale et économique*, par le comte de Vorges, ancien ministre plénipotentiaire, membre de l'Académie de Saint-Thomas, etc., etc. 1 vol.
— *Du même auteur* : **Les Ressorts de la Volonté et le libre arbitre.** 1 vol.
— **Nécessité mathématique de l'existence de Dieu.** *Explications. — Opinions, Démonstrations*, par René de Clérè. 1 vol.
— **Saint Thomas et la Question juive**, par Simon Deploige, professeur de l'Université Catholique de Louvain. 1 vol.
— **Premiers principes de Sociologie Catholique**, par l'abbé Naudet. 1 vol.
— **La Patrie.** — *Aperçu philosophique et historique*, par J. M. Villefranche. 1 vol.
— **Le Déluge de Noé et les races Prédiluviennes**, par C. de Kirwan. 2 vol.
— **La Saint-Barthélemy**, par Henri Hello. 1 vol.
— **L'Esprit et la Chair**, *Philosophie des macérations*, par Henri Lasserre, auteur de *Notre-Dame de Lourdes*, etc., etc. 1 vol.

— **Le Levier d'Archimède ou la Mécanique céleste et le Céleste mécanicien**, par le R. P. Ortolan. 2 vol.
— **Ce que le Christianisme a fait pour la femme**, par G. d'Azambuja. 1 vol.
— **L'Hypnotisme et la Stigmatisation**, par le Dr Imbert Gourbeyre. 1 vol.
— **L'Éducation chrétienne de la Démocratie**, *essai d'apologétique sociale*, par Ch. Calippe. 1 vol.
— **La Religion catholique peut-elle être une science?** par l'abbé G. Frémont. 1 vol.
— *Du même auteur :* **Que l'Orgueil de l'Esprit est le grand écueil de la Foi**, *Théodore Jouffroy, Lamennais, Ernest Renan.* 1 vol.
— **La Révélation devant la Raison**, par F. Verdier, supérieur de Grand Séminaire. 1 vol.
— **Confréries musulmanes**, — *Histoire, Discipline, Hiérarchie*, par le R. P. Petit. 1 vol.
— **Pratique de la Liberté de conscience dans nos Sociétés contemporaines**, par l'abbé Canet 1 vol.
— **Comment peut finir l'univers**, d'après la science, par C. de Kirwan. 1 vol.
— **Les Théories modernes de la criminalité**, par le Docteur Delassus. 1 vol.
— **Faillite du matérialisme** par Pierre Courbet, 3 vol. *se vendant séparément :*
I. — *Historique* 1 vol.
II. — *Discussion ; l'atome et le mouvement.* 1 vol.
III. — *Discussion ; l'éther, les gaz, l'attraction. Conclusion. — Appendice.* 1 vol.
— **Le Globe terrestre**, par A. de Lapparent, Membre de l'Institut, professeur à l'École libre des Hautes Études, 3 vol. *se vendant séparément.*
I. — *La formation de l'écorce terrestre.* 1 vol.
II. — *La nature des mouvements de l'écorce terrestre.* 1 vol.
III. — *La Destinée de la terre ferme et la Durée des temps.* 1 vol.
— **De la Connaissance du Beau**, *sa définition, application de cette définition aux beautés de la nature*, par l'abbé Gaborit, archiprêtre de la Cathédrale de Nantes. 1 vol.
— **Le Diable dans l'Hypnotisme**, par le docteur Ch. Hélot. 1 vol.
— **De la Prospérité comparée des nations protestantes et des nations catholiques**, *au point de vue économique, moral, social*, par le R. P. Flamérion, S. J. 1 vol.
— **L'Art et la Morale**, par le P. Sertillanges, dominicain, docteur en théologie. 1 vol.
— **La Sorcellerie**, par J. Bertrand. 1 vol.
— **Qu'est-ce que l'Écriture sainte?** *Les Livres inspirés dans l'antiquité chrétienne ; Théorie de l'inspiration*, p. le P. Th. Calmes. 1 vol.
— **Les Morts reviennent-ils?** par J. Bertrand. 1 vol.

(*Demander la liste* **complète** *des volumes* **Science et Religion**, *parus à ce jour*).

SAINT-AMAND (CHER). — IMPRIMERIE BUSSIÈRE

Fin d'une série de documents
en couleur

(TYPOGRAPHIE)

SCIENCE ET RELIGION
Études pour le temps présent

Le Catholicisme en Russie

PAR

I. L. GONDAL S. S.
Supérieur du Grand Séminaire de Toulouse

PARIS
LIBRAIRIE BLOUD & Cie
4, RUE MADAME ET RUE DE RENNES, 59
1903
Tous droits réservés.

8° R 14946 (249)

Imprimatur :

Tolosæ, die 21ª Januarii 1903.

✝ JOANNES AUGUSTINUS
Arch. Tolosanus.

LE CATHOLICISME EN RUSSIE

CHAPITRE PREMIER

LE DÉMEMBREMENT DE LA POLOGNE ET SES SUITES AU POINT DE VUE CATHOLIQUE

Un crime a été commis il y a plus d'un siècle au nom de la Russie et par la Russie ; l'assassinat de la très noble et très catholique nation polonaise ; point de départ d'une longue série d'attentats qui durent contre la liberté et la vie de l'Église. D'aucuns se persuadent que la grande coupable venant à résipiscence réparera ses torts en se faisant catholique elle-même. Les attentats sont une réalité ; la réparation n'est qu'une espérance. S'il est bon d'espérer, il est utile de se souvenir. Souvenons-nous.

Trois chefs d'États se partagent la responsabilité du démembrement de la Pologne : Frédéric II de Prusse, Catherine II de Russie, et Marie-Thérèse d'Autriche, un protestant, un schismatique et un catholique. Frédéric, le premier, eut la pensée du crime, Catherine se prêta de grand cœur à l'exécuter, Marie-Thérèse se résigna à en profiter : « Elle pleurait toujours et prenait toujours, » écrit avec son cynisme habituel le chef de la bande Frédéric II.

Il fallait un prétexte. Frédéric et Catherine le cherchèrent hypocritement dans la religion. L'armée prussienne et l'armée russe entrèrent en Pologne pour protéger les *protestants* et les *orthodoxes* contre les persécutions des Polonais *catholiques*. » Les pires persécuteurs de l'Église prenaient en main la cause de la tolérance ; les voleurs et les assassins se proclamaient les défenseurs de la justice et de la liberté.

Au premier partage, en 1772, le roi de Prusse eut la Prusse polonaise, l'impératrice d'Autriche la Galicie, la tzarine de Russie la Russie-Blanche. Le roi et une partie des nobles ayant cherché à fortifier la patrie ainsi mutilée, en changeant sa constitution politique, ce fut une nouvelle occasion pour les souverains étrangers d'envahir et de démembrer le pays. Au deuxième partage, en 1793, le roi de Prusse s'empara de la Posnanie, la tzarine des provinces de la Petite-Russie. Les malheureux Polonais tentèrent alors pour échapper à la servitude un suprême effort : à l'appel de Kosciusko ils se levèrent, prêts à lutter jusqu'à la mort pour la patrie et la religion ; mais ils furent écrasés sous le nombre de leurs oppresseurs. Au troisième partage, en 1795, la Prusse prit la Pologne orientale avec Varsovie, l'Autriche la petite Pologne avec Cracovie, la Russie, la Lithuanie. La Pologne n'était plus qu'un souvenir et une espérance.

Ce malheur devait arriver, et le crime qui l'a consommé s'explique aisément. Les causes qui ont comme fatalement amené la ruine de l'antique république royale sont : d'une part, le mouvement national de la Russie, qui tendait à se compléter du côté de l'ouest, et à recouvrer, suivant l'expression de ses historiens, les provinces qui avaient fait partie autrefois du domaine de saint Vladimir, c'est-à-dire, la Russie Blanche, la Russie Noire, et la petite Russie ; — de l'autre, l'âpre convoitise des rois de Prusse, désireux d'arrondir leurs Etats aux dépens d'une nation doublement détestée parce qu'elle est slave et parce qu'elle est catholique ; — et enfin, et surtout, la faiblesse organique de l'Etat polonais, sans frontières naturelles pour le protéger contre les ennemis du dehors, sans unité nationale, ni ethnographique, ni religieuse, ni politique, sans constitution viable. Quand Stanislas Poniatowski inaugura, en 1763, sous la protection des baïonnettes russes, le règne fatal sous lequel la Pologne fut démembrée et rayée de la liste des nations, ce malheureux pays si grand par la foi et le courage était, au point de vue social, descendu au dernier degré de la décadence, et se trouvait en proie à la plus effroyable anarchie. Pas d'armée, pas de frésor national, presque plus de commerce, une agriculture primitive exploitée par un peuple serf, une noblesse trop nombreuse, pauvre, agitée, divisée en clans ennemis, armée de l'absurde droit de *veto* (1), un pouvoir central sans prestige, sans autorité, une royauté élective conférée le plus souvent au plus intrigant, au plus offrant, quelquefois même au candidat de l'étranger qui a su payer à temps les suffrages des nobles électeurs. Un État ainsi constitué est d'avance voué à la mort : à la mort naturelle si on le laisse vivre, à la mort violente si un puissant voisin a quelque intérêt à en faire sa proie.

Les conséquences? Elles ont été ce qu'elles devaient être, au point de vue religieux, étant donnés les intérêts et les passions des princes copartageants. Voici quelques chiffres plus éloquents que de longs discours. En 1771, on comptait dans l'État polonais alors un des plus peuplés de l'Europe, sur une population totale d'environ vingt millions d'âmes : dix à douze millions de catholiques de rite grec, cinq à six millions de catholiques de rite latin, deux millions peut-être de grecs « orthodoxes », plus d'un million de Juifs, et quelques milliers de protestants. En 1889, sur une population totale d'environ trente millions d'âmes, on comptait à peine, dans toutes les provinces de l'ancien État Polonais, deux millions de catholiques de rite grec, neuf à dix millions de catholiques de rite latin. Tout le reste appartient : au Judaïsme, au moins trois millions; au protestantisme, plus d'un million; à « l'orthodoxie » orientale, près de quinze millions. L'iniquité politique qui a supprimé l'État polonais a donc abouti au point de vue religieux au triomphe du Judaïsme, au succès du schisme et de l'hérésie, à l'oppression du catholicisme latin, et à la ruine apparente du catholicisme grec. Ces tristes résultats nous affligent sans nous sur-

(1) En Pologne, tout guerrier était noble et tout noble jouissait dans les assemblées du droit de *veto*. Une seule voix discordante annulait toute décision. L'*unanimité* était nécessaire. Dans les plaines où ils se réunissaient à cheval, les délibérations traînaient en longueur et se terminaient souvent par de véritables batailles.

prendre. Il était aussi aisé de les prévoir, il y a plus d'un siècle, qu'il est douloureux de les constater aujourd'hui.

A la fin du XVIIIe siècle, à l'heure de son agonie, la Pologne était catholique : catholique en ce sens que le catholicisme était la religion du prince et de la grande majorité des sujets. Mais les sujets catholiques du roi de Pologne n'étaient pas tous du même rite. Des quatre nationalités dont la juxtaposition artificielle constituait l'Etat polonais, deux : celle des Blancs-Russiens et celle des Petits-Russiens avaient reçu la foi de Byzance et adopté le rite grec ; les deux autres : la Pologne proprement dite et la Lithuanie avaient reçu le christianisme de Rome et adopté le rite latin. Naturellement, le groupe grec s'était ressenti de la déplorable défection de l'Eglise byzantine, et le groupe latin avait subi le contre-coup de la révolution protestante. En fait, les grecs « unis » formaient la majorité dans les provinces orientales de la Pologne, mais les « orthodoxes » y comptaient encore d'assez nombreux partisans. Pareillement les catholiques formaient la très grande majorité dans les provinces de l'Ouest et du Nord, mais les protestants avaient réussi à y fonder des colonies assez nombreuses et généralement prospères.

Or, les provinces de l'Ouest infestées de germains et atteintes de protestantisme échurent à la dynastie qui déjà rêvait de mettre, au service de la haine protestante, l'énergie surexcitée de la puissance germaine. Vis-à-vis des Polonais, leurs prisonniers de guerre, la Prusse adopte, dès le premier jour, la politique de son cœur : germaniser les terres et protestantiser les âmes, voilà le but ; attirer les allemands, favoriser les protestants et opprimer les catholiques, c'est le moyen. De Frédéric II à Guillaume II, ni l'espérance, ni la méthode, rien n'a changé.

A la Russie, les provinces de l'est où prospèrent les « uniates », Petit-Russiens et Grand-Russiens, et les provinces du Nord où dominent les « latins », Polonais et Lithuaniens. Au représentant officiel de « l'Orthodoxie », à l'implacable ennemie de Rome et de la Pologne, l'empire absolu sur des régions où le romanisme et le polonisme ont été jusqu'alors triomphants. Le but, n'est-ce pas l'évidence même, sera de russifier la plaine et la race. Le moyen est-il malaisé à découvrir? S'appuyer sur l'élément « orthodoxe », le favoriser partout et toujours ; séparer, à n'importe quel prix, de la communion romaine tous les slaves de rite grec, les ramener de gré ou de force à l'orthodoxie moscovite; opprimer jusqu'à l'étouffement les chrétiens « latins » Polonais et Lithuaniens irréductiblement acquis à la foi romaine : tel est resté depuis le premier jour, et de Catherine II à Nicolas II, vis-à-vis des catholiques leurs victimes, le seul secret de la politique de l'orthodoxe empire des Tsars.

A l'Autriche, les provinces du Sud où les deux rites sont représentés par un nombre à peu près égal de Polonais et de Petit-Russiens, et où l'élément grec comprend des orthodoxes et des uniates. Quelle pourra bien être, vis-à-vis de ces nouveaux sujets, la politique et la puissance autrichienne? Les successeurs de Marie-Thérèse, cela saute aux yeux tout d'abord, n'ont aucun intérêt majeur à faire perdre ou même simplement à faire oublier leur nationalité aux habitants conquis de la Petite-Pologne et de la Galicie : le peuple autrichien n'existe pas ; l'adjonction de quelques provinces polonaises donne une pièce de plus à la mosaïque de peuples qui constitue la monarchie Austro-Hongroise, voilà tout. De plus, un empereur catholique doit protection et faveur à ses sujets catholiques, quel que soit leur rite, et le chef politique d'un pays où toutes les confessions sont représentées a tout intérêt à respecter la liberté des dissidents. Combien donc sera différent le sort des Polonais devenus Autrichiens de celui de leurs infortunés compatriotes livrés sans défense possible à la brutalité prussienne ou à la sauvagerie moscovite! Ils garderont librement leur langue native et leur foi traditionnelle; ils seront impunément polonais et catholiques. Et on les verra, à la longue, devenir lentement les sujets les plus dévoués et les plus fidèles d'un gouvernement qui a eu l'habile honnêteté de respecter leur patriotisme et leur foi; tandis que leurs frères de sang et de croyance, sans cesse froissés dans leurs sentiments les plus purs et persécutés pour leurs convictions les plus chères, ne supportent qu'en frémissant le joug abhorré des Prussiens ou des Russes, et gardent au cœur, avec l'espérance d'une revanche nécessaire, la haine immortelle de leurs barbares persécuteurs.

Mais il est temps d'en venir aux faits et d'exposer brièvement les destinées ultérieures de ce peuple toujours vivant et toujours croyant, malgré la violence, malgré la mutilation, malgré la mort politique. Dire le sort de la Pologne russe, ce sera raconter la vie de l'Eglise en Russie : polonisme et catholicisme, dans l'empire des Tsars, c'est tout un.

CHAPITRE II

CATHOLIQUES DE RITE LATIN OU POLONAIS

« La Pologne est un pays de plaines (1), coupé de plateaux peu élevés, arrosé par de fortes et nombreuses rivières dont les eaux s'étendent assez souvent en marécages sur les points les plus bas. Au nord, un plateau semé de lacs, humide et froid, sépare de la mer la Pologne proprement dite ; les Allemands l'ont occupé de bonne heure, et leurs voisins ne l'ont traversé que sur quelques points déterminés. Au sud-ouest, les Carpathes élèvent une barrière escarpée et couverte de forêts qui forme une limite nette et difficile à franchir. A l'est et à l'ouest, au contraire, la plaine s'étend sans interruption jusqu'aux extrémités de l'Europe. Au sud, elle s'allonge également jusqu'aux rives de la mer Noire, en offrant à la culture une terre grasse et profonde. Sur ces vastes espaces ouverts si aisément à l'action de l'homme, la steppe alternait autrefois avec la forêt qui devenait dominante en Lithuanie. Les plaines polonaises formaient ainsi le lien, la transition, entre l'immense pays plat qui forme aujourd'hui la Russie et le reste de l'Europe plus accidenté et presque entièrement boisé (2) ».

(1) Polonais de *polianes*, habitants des plaines.
(2) *La science sociale* t. VI, p. 299-300.

La Pologne est un pays ouvert. Ses plaines font partie du grand chemin des steppes qui, du plateau central de l'Asie, mène aux rivages de la mer du Nord. Ses affluents dont les sources s'enchevêtrent, tant la ligne de partage est indécise, tracent des routes commodes, de la mer Noire, par les vallées du Dniester et du Dnieper, à la mer Baltique par la Vistule et le Niémen. C'est le seuil le plus large et le plus abaissé par lequel on puisse communiquer de l'orient à l'occident de l'Europe et du nord au sud. C'est, aux heures troublées de l'histoire de l'Europe orientale, la voie naturelle des invasions ; c'est, aux heures de paix, la grande voie du commerce.

Quatre races se sont, au cours des siècles, fixées sur ce grand chemin ; la race celtique, la race slave, la race sémitique et la race germaine. Les celtes et les slaves venant d'Asie, les sémites et les Germains revenant de l'Europe centrale et occidentale.

Le Celte venu le premier, à constitué l'élément solide et durable de la nation polonaise, la classe des paysans. Selon toute vraisemblance, il arriva sur les bords de la Vistule à l'état de pasteur nomade ; mais les circonstances le contraignirent à passer rapidement de l'art pastoral à la culture. Tout l'y engageait : la fertilité du sol éminemment propre à la culture des céréales, la douceur du climat, l'abondance des eaux, la facilité d'écouler les produits agricoles grâce au va et vient incessant des caravanes traversant le pays, du sud au nord, pour aller échanger sur les bords de la Baltique les produits industriels de l'Asie mineure et de la Grèce contre les produits naturels du Nord, l'ambre jaune et les fourrures. Aussi les traditions et les documents historiques témoignent-ils de l'antiquité et de la prospérité des cultures dans les plaines de la Pologne ; « Depuis les temps les plus reculés, dit Malte-Brun, jusqu'à l'extinction de la race des Jagellons, l'agriculture en Pologne se maintint dans l'état le plus florissant. »

Le Slave, qui devait imprimer à la Pologne le cachet de sa nationalité distincte, ne fit son apparition dans ce pays que vers la fin du IVe siècle ; « Les Polonais, dit Rulhière, sont des slaves venus en Europe en même temps que les Huns. » C'est lui qui a constitué l'élément brillant et mobile du peuple polonais, la classe des guerriers et des nobles. Mis en présence par l'invasion d'une population déjà habituée aux durs travaux de la vie agricole, au lieu de l'exterminer il l'asservit, se contentant de la contraindre à travailler pour lui. Le Celte devint ainsi le serviteur du Slave. Ce dernier conserva durant de longs siècles ses habitudes de nomade aventureux, guerrier et pillard. Les graves défauts qu'il tenait de son origine pastorale : l'éloignement instinctif pour le travail pénible, la tendance à ne pas approprier le sol, l'impuissance à constituer des pouvoirs publics capables de maintenir l'ordre, ne firent que s'aggraver sous l'action du courant commercial qui traversa la Pologne, de l'Orient à l'Occident, du VIIIe au XIe siècle. En développant les transports, en créant la richesse, le transit augmenta au cœur du slave l'horreur du travail, l'amour des aventures, le besoin de changer de place. A quoi bon se fixer au sol pour le travailler quand il est si facile de vivre grassement au moyens d'extorsions et d'impôts prélevés sur les marchands qui passent, quand on n'a qu'à se baisser pour ramasser la récolte qu'un peuple de paysans enchaîné à la glèbe a fait pousser pour vous ? C'est sous l'empire de cette pensée que se fit lentement la transformation du maître de la Pologne. Dès le XIe siècle, cette transformation est complète. L'ancien pâtre slave est devenu un brillant seigneur polonais. Mais la fortune n'a fait qu'aggraver les causes de faiblesse qu'il tient de son origine pastorale. Il est irrémédiablement mobile, indiscipliné, inactif, ingouvernable.

« Qu'on se représente, dit M. le duc de Broglie, quinze cent mille gentilshommes tenant en servitude une population tout entière attachée à la glèbe, tous les membres de cette démocratie nobiliaire légalement égaux entre eux, tous, la lance en arrêt ou le sabre au poing, pouvant tous au même titre ou concourir, ou prétendre au gouvernement de la chose commune ; — aucun décret ne pouvant sortir que de leur consentement unanime, mais la majorité armée à chaque instant du droit d'organiser sa résistance en confédération privée, et la guerre civile placée ainsi au nombre des coutumes licites, sinon des institutions légales ; — une royauté élevée sur le pavois dans une assemblée plénière où chaque noble arrivait revêtu de ses armes et monté sur son cheval ; — le pouvoir sortant de ces ondes orageuses non pas seulement électif, mais conditionnel et ne jouissant d'autres prérogatives que celles dont une convention spéciale, renouvelée au début de chaque règne, voulait bien le laisser investi ; — nulle police, à peine une ombre d'armée permanente, mais une nuée de cavaliers indisciplinés toujours prêts au premier appel ; — la justice elle-même rendue par les élus d'une faction victorieuse, qui siégeaient sur leur tribunal, l'épée au côté, n'était-ce pas le régime d'une émigration conquérante et comme un flot d'invasion solidifié ? Chez une tribu nomade, répandue au hasard sur un terrain illimité, le *liberum veto*, le droit de confédération privée et les *pacta conventa*, ces trois étranges fondements de la constitution polonaise, eussent été la chose du monde la plus simple... Appliqués au contraire à une société fixée sur le sol, où les hommes, rapprochés les uns des autres, sont tenus de se remontrer, de se toucher, de vivre en commun, ces institutions réunies formaient l'essence même de l'anarchie (1). »

Les premiers immigrants de race juive entrèrent en Pologne, au commencement du xi° siècle, suivis de très près par les premiers colons de race germanique. Les uns et les autres venaient exploiter une situation en comblant une lacune. Le peuple polonais n'avait jusqu'alors que des nobles et des paysans ; des paysans sans initiative parce que sans liberté, et des nobles sans stabilité, incapables de tout travail personnel. Or, avec ces deux éléments seuls, un peuple civilisé ne peut pas vivre : la création d'une classe intermédiaire s'impose. La Pologne le comprit d'instinct, pour ainsi dire, et ne trouvant pas chez elle les éléments de cette création, elle les demanda à l'étranger. Il fallait des industriels et des commerçants pour exploiter ses richesses naturelles, des colons pour approprier son sol, des lettrés

(1) M. de Broglie, *Le secret du roi*, t. I, p. 42-44.

pour cultiver les âmes. Juifs et Allemands accoururent à son appel. Les premiers s'adonnèrent surtout au commerce, les seconds à l'industrie et à l'exploitation agricole. Les Juifs par l'usure, les Allemands par le travail arrivèrent rapidement à la fortune et traitèrent la Pologne en pays conquis. Ils se multiplièrent rapidement jusqu'à bâtir des villes où ils obtinrent de s'administrer selon les statuts de leur pays d'origine.

La nation polonaise est née sur les bords de la Vistule, et le bassin de ce grand fleuve a été tour à tour pour elle : un asile, pendant la longue et obscure période de sa formation ; un centre de gravité, pendant la période neuf fois séculaire de son rayonnement ; une prison, depuis qu'elle a succombé sous les coups de ses voisins jaloux et cruels.

De la période de formation nous ne savons rien de précis : elle appartient tout entière à la légende. Celtes d'abord et Slaves ensuite n'ont gardé de leurs premiers établissements en Pologne que des souvenirs vagues comme le rêve et flottants comme la poésie. Avec la période de rayonnement nous sortons de la légende pour entrer dans l'histoire. Lentement les obscurités qui nous dérobent les exploits légendaires de la dynastie des Leks (550-860), font place au demi-jour qui permet d'entrevoir les agitations semi-historiques de la famille royale des Piast (860-1386). Avec les derniers des Piast et les premiers des Jagellons, c'est déjà le plein jour de l'histoire qui brille sur les plaines de la Vistule.

Plus d'une fois, pendant cette longue période, la Pologne fut le plus puissant des États slaves et mérita presque de s'attribuer le nom de Slavie. Néanmoins on peut marquer, dans l'évolution de l'État polonais, deux phases distinctes dont chacune fut suivie d'une époque d'affaiblissement et terminée par des partages. Pendant la première de ces phases, jusqu'au milieu du XIVe siècle, les Polonais s'élançaient vers l'Occident à la conquête des tribus parentes qui peuplaient les plaines de la Germanie jusqu'à l'Elbe, au massif des Carpathes et au plateau Bohême. On les rencontre presque toujours, à cette époque, à l'avant-garde des populations slaves contre l'ennemi héréditaire, l'Allemand. Vers le commencement de l'histoire écrite du peuple polonais, au xe siècle, le royaume comprend déjà, outre le bassin de la Vistule, celui de la Wartha, principal affluent de l'Oder. Au début du xie siècle, Boleslas-le-Grand a en sa possession la Moravie, la Slovaquie, la Lusace, et même la Bohême pendant une courte période. Un siècle plus tard Boleslas III pousse jusqu'à la Baltique et soumet au baptême les Poméraniens. Le Polonais ne sait pas garder ses conquêtes; c'est un nomade. Le Germain sédentaire, qu'il a vaincu bien des fois sur les champs de bataille, finira par l'expulser d'un sol où il aura fait, sans jamais pouvoir y prendre racine, mille courses aventureuses. Répondant à l'imprudent appel d'un prince polonais, le duc de Mazovie, les chevaliers teutons, dès 1226, s'installent à l'angle de la Baltique, dans le pays des Prussiens Lithuaniens, d'où ils commandent stratégiquement les pays du Niémen et de la Vistule. Vers la fin du xiiie siècle, la moitié des terres originalrement polonaises du bassin de l'Oder sont germanisées. Au milieu du xive siècle, Casimir-le-Grand renonce pour toujours à la Silésie polonaise. La phase occidentale de l'évolution polonaise est finie : le slave recule devant le Germain.

Pendant trois cents ans la Pologne ne semble plus regarder que l'Orient. Le mariage de sa jeune reine Hedwige avec le prince païen Jagello, en 1386, unit dans une même foi par un pacte indissoluble, les Lithuaniens et les Polonais jusqu'alors ennemis. L'union politique de Lublin, en 1569, réunit sous le sceptre du roi Sigismond II, la Pologne, la Lithuanie, la Blanche-Russie et la Petite Russie; l'empire polonais dépasse alors le Duina et le Dnieper. Il arrive à son apogée sous Sigismond III — 1587-1632 — qui peut aspirer à devenir le monarque de tout l'Orient et du nord de l'Europe ; à la fois prétendant au trône de Suède et roi de Pologne, il tente aussi de monter sur le trône de Moscou. Avec Jean Sobieski — 1673-1693 — le peuple polonais, héroïque et vaillant entre tous, remplit avec un éclat incomparable la glorieuse mission qu'il s'est donnée de protéger la civilisation chrétienne contre les aussauts furieux que lui livrent, à l'Orient, la sauvagerie asiatique et la corruption musulmane. En sauvant la chrétienté une fois de plus à la fin du XVIIe siècle, Sobieski ne faisait que continuer des traditions de famille et suivre ses ancêtres à la trace de leur sang. Trois siècles durant, la Pologne a fait bonne garde sur les frontières de l'Europe orientale. Quatre-vingt-onze invasions de Tartares sont venues expirer sur les lances de ses guerriers ; plus de cent victoires, dont plusieurs presque miraculeuses, lui ont permis de réduire à l'impuissance l'empire des Ottomans et de refouler à jamais l'envahissement des flots impurs de l'Islam ; « Si l'Europe n'est pas aujourd'hui mongole ou cosaque, grecque ou musulmane, c'est à la Pologne qu'elle le doit. »

Mais la Pologne ne sut pas mieux garder ses conquêtes orientales que ses conquêtes vers l'Occident. A mesure qu'elle avance dans la vie, le mal organique dont elle souffre depuis sa naissance et dont elle doit mourir, l'anarchie, fait des progrès incessants. Après avoir été absolue à l'origine, tempérée d'aristocratie vers la fin de la dynastie des Piast, embarrassée de démocratie nobiliaire sous les Jagellons, la monarchie polonaise proclamée élective, en 1587, est devenue, pour la démocratie nobiliaire, une occasion de luttes incessantes, pour l'aristocratie un sujet d'ardentes compétitions, pour le pays une source intarissable d'agitations intérieures. L'Allemand à l'Ouest, le Russe à l'Est, suivent d'un regard attentif et d'un cœur joyeux les ravages du mal intérieur qui use le peuple infortuné dont la mort doit les enrichir. Ils attisent, c'est leur intérêt, le feu de la guerre civile, qui souvent flambe et jamais ne s'éteint au sein de la Pologne. Les amis désintéressés de l'illustre malade font, pour la guérir, des efforts superflus. Les meilleurs de ses fils l'avertissent, en pure perte, des malheurs qui la menacent. En 1661, le roi Jean-Casimir annonçait en ces termes, à la diète qu'il présidait les malheurs qui allaient fondre sur la république ; « La Moscovie et les Cosaques prendront le grand duché de Lithuanie qui leur est rattaché par la langue et la religion ; la Grande Pologne s'ouvrira aux Brandebourgeois... et la maison d'Autriche, en dépit de toutes ses bonnes intentions, ne laissera pas échapper

Cracovie. » Un siècle après, les pressentiments de Jean Casimir étaient justifiés. Pressé comme dans un étau, entre la Prusse et la Moscovie, l'Etat polonais se resserre, se comprime, et, à un moment donné, la pression est telle qu'il éclate en morceaux et meurt étouffé dans les plaines de la Vistule d'où tant de fois il s'était élancé, joyeux et fort, à la conquête de l'Orient slave et de l'Occident germain.

CHAPITRE III

ROME CONQUIERT PAR SES BIENFAITS L'AME DE LA POLOGNE

Mais si le corps de la Pologne a pu succomber sous les coups des trois assassins couronnés qui en ont légué à leurs héritiers les restes mutilés et sanglants, l'âme croyante et héroïque du peuple polonais est au-dessus de toutes les atteintes. Immortelle et toujours puissante parce qu'elle est catholique, le malheur et la violence, loin de l'abattre, la fortifient. L'Etat polonais est mort ; l'Eglise polonaise est aussi vivante que jamais. Le premier peut revivre ; la seconde ne saurait mourir. Or, c'est l'Eglise qui a fait la Pologne. Le véritable héritage du Polonais, son honneur et sa force, c'est la foi catholique ; l'Eglise est sa première et sa meilleure patrie.

Or l'histoire de l'Eglise polonaise offre trois grandes périodes. Durant la première, qui correspond assez exactement à la période politique de l'évolution occidentale, elle naît, se développe et s'organise sous l'action de l'Eglise romaine. Pendant la seconde, qui correspond à la période politique de l'évolution orientale, elle étend son action bienfaisante sur tous les peuples soumis au roi de Pologne, notamment sur les Lithuaniens qu'elle convertit, et sur les Petits et les Blancs-Russiens qu'elle ramène à la foi de Rome.

Pendant la troisième, qui dure encore, elle résiste courageusement aux entreprises criminelles des Russes et des Allemands qui, après avoir anéanti sa patrie, voudraient lui ravir sa foi. Après la période d'*organisation*, la période de *conquête*, et après la période de conquête, la période de *martyre*.

C'est pendant la longue période de son rayonnement vers l'Occident, du xe au xive siècle, que la nation polonaise fit son apprentissage de la foi et de la civilisation chrétiennes ; et ceci nous explique déjà pourquoi la Pologne a adopté, avec la foi romaine, la civilisation des peuples de l'Occident. Ses premières relations historiques avec les occidentaux datent du ixe siècle. A cette heure, l'État polonais gravite autour de l'empire morave. Au siècle suivant, il devient tributaire de l'Allemagne (937-965). C'est de ces deux pays qu'il reçut l'Évangile. Moraves et Allemands cherchèrent tout d'abord à convertir les nobles et les princes. La foi passa par les palais avant d'arriver aux chaumières ; ses premiers partisans et ses plus ardents défenseurs furent des princes et des rois.

La foi romaine et le rite latin entrèrent en Pologne avec la princesse tchèque Dombrowka, huitième femme du duc polonais Mieczyslas Ier (964-992), fille de Boleslas Ier duc de Bohême. Cédant aux sollicitations de la pieuse princesse et de son aumônier le prêtre bohémien Bohuwid, en 966, Mieczyslas se fit baptiser avec plusieurs seigneurs de sa cour et entreprit presque aussitôt la conversion de son peuple. Par ses ordres, les idoles furent jetées à l'eau et les fêtes en l'honneur des dieux remplacées officiellement par celles de la religion chrétienne. C'était aller un peu vite. Le peuple froissé, murmura. Il y eut non seulement des protestations, mais des révoltes. En 968, un évêché fut érigé à Posen. L'empereur Othon intervint dans la nomination du premier titulaire, Jordan, et décréta qu'il obéirait à l'archevêque de Magdebourg.

Boleslas Ier le violent — 992-1025 —, favorisa de tout son pouvoir la diffusion du christianisme dans le royaume de Pologne dont ses glorieux exploits avaient reculé les frontières en Orient jusqu'au Dnieper, en Occident jusqu'à l'Elbe. Ce prince, moins grand assurément par ses conquêtes que par les institutions à l'aide desquelles il s'efforça de les rendre durables, passe, à juste titre, pour le véritable fondateur de la puissance nationale de la Pologne et de sa civilisation. Comme notre Charlemagne, il organisa l'État et protégea l'Église. Sans cesse accompagné d'un conseil de douze seigneurs ecclésiastiques et laïques, il parcourait les diverses provinces de son empire, écoutant les plaintes et redressant les torts. Il fit rendre dans sa capitale, aux restes de saint Adalbert, qu'il avait rachetés des Prussiens, les plus grands honneurs, et, de concert avec Othon III, venu en pélerinage au tombeau du saint apôtre de la Prusse, son ami et son confesseur, il fonda, en l'an mille, l'archevêché de Gnesen auquel furent subordonnés les nouveaux évêchés de Colberg, Cracovie et Breslau ; puis ceux de Plock et de Lébus. Les deux princes étaient entrés préalablement, sur ce sujet, en négociations avec le Saint-Siège.

Sous Mieczyslas II — 1025-1034 — marié à une allemande, la division se met dans l'État. Le Germain favorisé par la reine Rixa envahissait tout ; le Slave que le roi indolent et faible ne dominait plus, reprenait son indépendance première. L'Église, naturellement, eût à souffrir de ce retour à l'anarchie. Mieczyslas mort, Rixa dut s'éloigner de la Pologne, et ce malheureux pays se vit en proie à toutes les horreurs de la guerre civile. L'excès même du mal réveilla les polonais. Rixa avait emmené son fils Casimir et en avait confié l'éducation aux moines de Cluny. Ses sujets le rappelèrent ; les évêques le couronnèrent. Brave, religieux et prudent, il rendit au royaume les frontières perdues, réorganisa l'État ébranlé et favorisa l'Église. Il eut pour collaborateurs des religieux français presque tous bénédictins. Il réprima le paganisme et s'occupa des couvents. Grâce à ses efforts, la Pologne, quand il mourut, en 1058, était acquise à jamais à la civilisation occidentale, et gagnée sans retour à la foi romaine. On le nomma Casimir le Restaurateur.

Boleslas II le Hardi, son fils, après avoir signalé ses débuts par de grandes victoires et des institutions qui attestent en lui un génie vraiment civilisateur, ternit ses belles qualités par une tyrannie et des mœurs effroyables. Saint Stanislas de Cracovie lui en fit de sévères reproches; il ferma l'oreille. Frappé d'excommunication, il se vengea en brute, et poignarda, de ses mains royales, le saint évêque, à l'autel, en 1079. Le remords et la peur le chassèrent du trône. Il mourut misérablement en Hongrie dans des accès de rage, maudit de son peuple, méprisé de tous, excommunié par Grégoire VII (1081).

Triste et précaire fut le sort que firent à l'Etat et à l'Eglise, en Pologne, les divisions intestines, les morcellements, les guerres civiles, les incursions des Mongols, dont le récit monotone remplit toutes les pages des annales de ce malheureux pays pendant toute la durée de son évolution occidentale du XI siècle au XIVe. L'Etat n'avait plus de chef unique. Depuis Boleslas II jusqu'à la fin du XIIIe siècle, la Pologne n'eut pas de roi officiellement reconnu par l'Eglise. Ce n'est qu'en 1295 que Boniface VIII consentit à donner la couronne royale au duc de Kalisch, Premyslas II. En 1319, après de longues discussions, Jean XXII déclara que la Pologne dépendrait de l'Eglise romaine. L'aristocratie toute puissante dépensait sa fortune et son énergie en compétitions meurtrières, en querelles sans utilité et sans grandeur; le peuple souffrait. — L'Eglise avait à se défendre contre les empiétements incessants, sur son propre terrain, des autorités civiles, et à combattre dans ses représentants les progrès alarmants de l'ignorance et de la corruption, fruits naturels des guerres et des divisions qui désolaient l'Etat polonais. Evêques et grands seigneurs sont perpétuellement en lutte; les premiers excommunient; les seconds pillent. — Heureusement Rome était, en Pologne, puissante et respectée. Les papes et les conciles tenus à l'instigation de ses Pontifes et souvent sous la présidence de leurs légats ne négligèrent rien pour réparer les malheurs de l'incurable anarchie qui ruinait l'Eglise et l'Etat polonais.

Un premier concile tenu à Lenciez, en 1180, sous Alexandre III et le Grand-Duc Casimir Ier, par l'archevêque Pierre de Gnesen assisté des évêques de Breslau, de Posen, de Plock, de Casimir, de Lébus et de Cujavie, interdit à la noblesse de piller les paysans et de s'emparer de la succession des clercs. Un second concile tenu dans la même ville, sur l'ordre de Célestin III, par le cardinal Pierre de Padoue, en 1197, avec le concours de François évêque de Breslau, entreprit, non sans raison, de rappeler aux clercs la loi du célibat, et aux laïques les lois du mariage chrétien. Dans un concile tenu à Breslau, en 1248, le légat Jacques Pantaléon, publie en présence de l'archevêque Fulco et de sept suffragants, un statut qui combattait les désordres régnants, tels que pillage de biens ecclésiastiques, enlèvement des femmes, faux témoignages etc... recommandait l'instruction du peuple, et ordonnait aux évêques de recueillir le denier de Saint-Pierre.

Les Souverains Pontifes prirent souvent en main la défense de l'honneur et des droits de l'Église en Pologne. Innocent III reçut avec éclat l'archevêque de Gnesen injustement persécuté, et le renvoya avec le titre de Légat et la mission spéciale de travailler en son nom au relèvement des mœurs du clergé, de concert avec les religieux dominicains dont il encouragea toujours les efforts dans la lutte qu'ils entreprirent contre l'ignorance et la paresse des prêtres séculiers. Honorius III s'appliqua avec ardeur à réformer les évêchés, et à combattre les désordres de la noblesse dont plusieurs membres allaient jusqu'à se montrer hostiles à la conversion des païens. Grégoire IX prit courageusement la défense des paysans toujours opprimés, et parvint avec l'aide des frères prêcheurs à faire régner en Pologne, une paix momentanée et relative. Un siècle plus tard, Clément IV s'entremettait efficacement pour procurer la paix entre l'ordre Teutonique et le royaume de Pologne alors gouverné par Casimir-le-Grand.

Le pays doit peut-être à cette intervention directe et constante de la papauté, d'avoir pu vivre et prospérer pendant de longs siècles avec « une constitution politique qu'aucun peuple moderne ne pourrait supporter dix ans sans périr. » L'amour de la religion, le dévouement à l'Église, devint le lien vivant de tous les cœurs polonais, l'âme même de la Pologne. Lentement la papauté façonna de ses mains la noble nation polonaise : corps et âme la Pologne est l'œuvre de l'Église. C'est l'Eglise qui lui donne des rois : Boleslas Ier sollicita à plusieurs reprises la faveur d'être sacré par le pape; Boleslas II meurt excommunié, et ses héritiers, réduits par ce juste arrêt au titre de ducs, ne reprendront que 240 ans plus tard, du consentement de Jean XXIII, le titre de roi que Grégoire VII leur avait retiré. Un autre grand pape, Alexandre III, fut appelé à sanctionner de son autorité la constitution du conseil supérieur composé des principaux dignitaires ecclésiastiques et laïques, germe du futur Sénat du royaume, sorte de représentation nationale élaborée dans l'assemblée solennelle de Lençyca, par ordre de Casimir II, le Juste. — Grâce à cette action incessante et respectée de la Papauté, l'esprit catholique devint l'esprit même de la Pologne. Cette union étroite, cette fusion de la religion et du patriotisme, se révèle par les faits les plus significatifs, à toutes les époques de l'histoire polonaise. Les soldats vont à l'ennemi au chant de l'admirable cantique à Marie que leur a légué, avec le souvenir de son sang répandu pour la foi, le martyr Adalbert, l'ami des Polonais, l'apôtre des Prussiens ; les nobles prient, l'épée au côté, et, quand le diacre chante l'évangile, ils la tirent à moitié du fourreau, en signe de fidélité jusqu'à la mort au Christ et à son Eglise ; le Sénat composé de seigneurs ecclésiastiques et laïques donne la préséance aux premiers ; l'épiscopat dans les temps orageux garde et défend les libertés publiques ; le primat pendant les interrègnes exerce le gouvernement ; les princes deviennent apôtres, témoin la reine Hedwige qui sacrifie son cœur à l'œuvre de la conversion d'un peuple, et épouse Jagellon pour gagner les Lithuaniens à la foi romaine. A la fin de son évolution occidentale, la Pologne est déjà ce qu'elle sera toujours : la nation catholique par excellence, la sœur et l'émule de la « Fille aînée de l'Eglise », ici, le « Royaume très chrétien » ; là-bas, le « Royaume orthodoxe » : deux créations, deux bienfaits de l'Eglise romaine.

CHAPITRE IV

PAR « L'UNION D'AMOUR » DE LUBLIN, LA LITHUANIE DEVIENT CATHOLIQUE

La langue lithuanienne est, de tous les idiomes européens, la plus voisine du sanscrit ; les Lithuaniens sont donc incontestablement de race aryenne. L'histoire commence pour eux au XIIIe siècle. Ils sont encore à cette époque un peuple primitif et grossier, habitant de misérables villages faits de cabanes petites et rondes, « distribués par groupes de familles ; chaque ménage ayant sa hutte, et chaque famille possédant en commun des huttes où l'on cuisine, brasse et boulange. On dirait des bandes de nomades qui viennent de s'arrêter. L'argent est inconnu dans le pays, et l'agriculture dans l'enfance : le Lithuanien ne mange que du pain noir, et souvent il en manque. La seule richesse ce sont les chevaux : au XIVe siècle, le grand prince de Lithuanie Witowd en possédait vingt mille. Bons soldats, habiles à se fortifier, cavaliers admirables, les Lithuaniens vivent surtout de la guerre qu'ils font à tous leurs voisins, Polonais, Allemands de Prusse, Russes surtout » (Lavisse).

Ils vivent libres mais misérables au sein des profondes forêts et des marécages du Niémen, le fleuve lithuanien par excellence, et occupent, entre les Prussiens, les Courens et les Lettons ou Lives, leurs frères, tout le littoral de la mer Baltique, de la Vistule à la Düna. Au dedans c'est l'anarchie ; car d'une part la polygamie et l'esclavage, les deux éternels fléaux de toute société païenne, entretiennent jusqu'au sein des familles, des causes toujours efficaces de violence et de divisions, et, d'autre part, l'esprit de clan, très développé chez les Lithuaniens, fait que la guerre de tribu à tribu ne cesse, pour ainsi dire, jamais. Au dehors, trois peuples déjà baptisés et civilisés, les trois races puissantes des Polonais, des Allemands et des Russes l'enserrent de toutes parts et s'efforcent de le soumettre à leur autorité. — A plusieurs reprises le péril extérieur calme momentanément les dissensions extérieures. Un rusé barbare, Mindvog, au commencement du XIIIe siècle, après avoir créé l'unité lithuanienne par l'extermination des princes ou chefs de tribu, pousse ses féroces guerriers contre les Grands-Russiens affaiblis par l'invasion mongole, et conquiert Grodno et Novogrodek. — Au siècle suivant, l'entreprenant et énergique Gédimine — 1315-1340 — le véritable fondateur de la puissance lithuanienne, ajoute aux conquêtes de ses prédécesseurs, celle de la Blanche-Russie et de la Petite-Russie, y compris Kiev, la vieille capitale des Russes, qui va rester pendant 400 ans, jusqu'à Alexis Romanof, en des mains étrangères. Un moment, sous les Jagellons, le peuple Lithuanien est sur le point de saisir l'hégémonie du monde slave. Un mariage fait monter Jagel, un de ses princes, sur le trône de Pologne — 1386 — ; les armées du Grand-Prince Vitovt — 1392-1430 — à plusieurs reprises menacent Moscou ; la victoire de Tanneberg, en 1410, l'affranchit de la dure oppression des Teutoniques ; il commande alors en maître de la Baltique à la mer Noire. Pendant quatre cents ans son sort demeure lié au sort de la Pologne. Un mariage princier, entre Edwige et Jagellon, avait uni les deux couronnes, en 1386. Un acte spontané, l'union de Lublin, rapprocha les deux peuples, en 1569. De personnelle qu'elle avait été jusqu'alors, l'union de la Pologne et de la Lithuanie devint réelle et définitive. Lentement les provinces du Grand Duché se polonisèrent ; le lithuanien s'habitua à penser et à vouloir comme son frère le polonais ; les princes issus de Mindvog et de Gédimine prirent les manières et le langage de l'aristocratie Varsovienne. — Depuis le partage de la Pologne, le Grand Duché n'a cessé de protester contre son incorporation à l'empire des tsars et de revendiquer le droit de s'unir à la Pologne. « Mêlés aux Polonais et aux Russes, dit Leroy-Beaulieu, qui les menaçaient d'une double absorption, les Lithuaniens et les Samogitiens leurs frères de langue et de race, comptent encore dans l'ancienne Lithuanie près de deux millions d'âmes, pour la plupart catholiques ; ils forment la majorité de la population dans les deux gouvernements de Vilna et de Kowno. »

L'histoire religieuse de la Lithuanie intimement liée à son histoire politique se divise comme cette dernière en trois périodes : la période *Lithuanienne*, des origines à la fin du xiv° siècle, politiquement la Lithuanie maintient son indépendance, religieusement elle reste païenne ; — la période *Polonaise*, jusqu'à la fin du xviii° siècle, la Lithuanie s'unit à la Pologne et reçoit la foi catholique ; — la période *Russe*, jusqu'à nos jours, la Lithuanie proteste contre l'annexion à l'empire des tsars, et repousse « l'orthodoxie ». — Pendant toute la première période, qui s'ouvre vers le milieu du xiii° siècle pour ne se fermer définitivement qu'au commencement du xv°, princes et peuple s'efforcent, non sans succès, de repousser les Allemands de la Baltique, et de soumettre les Russes du Dnieper. La brutalité des chevaliers teutoniques, qui d'ailleurs ne cherchèrent jamais sérieusement à les convertir, et se contentèrent pendant plus de deux siècles de faire chez eux de simples expéditions de brigandage, décorées du titre de Croisade, leur rendit à cette époque le catholicisme extrêmement odieux. L'État misérable où le schisme et les invasions avaient réduit les Blancs et les Petits Russiens devenus leurs sujets, ne pouvait guère leur inspirer pour le christianisme de Byzance que des sentiments de commisération et de pitié. Aussi demeurèrent-ils, pendant toute cette période, obstinément païens, et foncièrement hostiles à la religion chrétienne ; et si quelques princes, comme Mindvog et Gedimine, eurent recours au pape, si d'autres, comme Voïchel, Olgerd et Kestout, parurent favoriser les « Orthodoxes », si plusieurs reçurent même solennellement le baptême, leur conduite, qui d'ailleurs ne modifia en rien les sentiments de leurs sujets vis-à-vis des grecs ou des latins, paraît avoir été inspirée beaucoup plus par l'intérêt que par la conviction. En recourant à Rome ils cherchaient surtout à enlever aux Teutoniques tout prétexte à nouvelle croisade ; en favorisant l'Église « orthodoxe », ils espéraient gagner le cœur de leurs nouveaux sujets. En réalité la haine des Allemands et le mépris des Russes les a pour ainsi dire immobilisés avec leurs sujets dans le paganisme, et la Lithuanie, à la fin du XIVe siècle, semble plus que jamais rebelle à toute influence chrétienne.

L'alliance de la Pologne et de la Lithuanie, cette « union d'amour », qui a rapproché sans les confondre, au nom de l'Evangile et de la liberté, deux peuples jusqu'alors ennemis, acharnés dans leurs luttes séculaires, différents de race, de langue, de religion et de culture ; cet engagement sacré qui subsiste encore aujourd'hui dans la conscience de tout un peuple après avoir rempli cinq siècles de son histoire, l'alliance de la Pologne et de la Lithuanie est assurément un des faits les plus extraordinaires de l'histoire, un fait sans précédent dans les annales du christianisme, sans équivalent dans l'histoire des peuples civilisés de l'Europe. — Inauguré à Cracovie par l'union des deux familles princières de Pologne et de Lithuanie, en 1386, conclu librement à Hérodlo, sur les confins des « terres de Piast et de Gédimin », en 1413, trois ans après la défaite définitive des Teutoniques, par les représentants du clergé et de la noblesse des deux pays, ce pacte béni fut enfin, après plus de deux siècles d'expérience, librement et solennellement ratifié par les deux parties contractantes dans la célèbre diète tenue à Lublin, en présence des délégués du Pape, de l'Empereur, du Sultan et des rois, en 1569. Les assemblées de Cracovie et d'Herodlo, tout en associant la Lithuanie et la Pologne par l'union personnelle d'une dynastie commune, avaient tenu à affirmer énergiquement la distinction et l'égalité des deux Etats. La diète de Lublin, après de longs débats, proclama l'unité parlementaire des deux nations, et désigna Varsovie comme l'unique siège des assemblées législatives. C'était pour la Lithuanie l'annexion pure et simple, mais une annexion librement acceptée, une annexion légitime et honnête, s'il en fût jamais, respectueuse de tous les droits. Il fut en effet expressément stipulé que la Pologne et la Lithuanie conserveraient chacune leurs grands dignitaires, chancelier, vice-chanceliers, maréchaux, hetmans, leur armée particulière et leurs lois. — L'Union Lithuano-Polonaise a exercé sur les destinées religieuses de l'Orient européen en général, et de la Lithuanie en particulier, une influence de premier ordre et souvent décisive. La convention de Cracovie en effet, par le mariage d'Edwige et de Jagel, amena la conversion de la Lithuanie au christianisme romain ; le pacte d'Hérodlo créa, à l'extrême orient européen, un peuple chrétien capable, par son invincible dévouement à la foi chrétienne, d'arrêter l'invasion mongole et l'invasion musulmane ; enfin, l'union de Lublin prépara l'union religieuse des provinces russes incorporées à la Lithuanie, et amena ainsi la création de l'Eglise ruthène. Nous n'avons à décrire ici que le premier de ces résultats.

La dynastie française et angevine de Pologne venait de s'éteindre en la personne de Louis de Hongrie qui ne laissait après lui qu'une fille. Or, en ce temps là, régnait à Vilna « un prince singulier du nom de Jagel, sorte de païen philosophe, justicier sévère, chasseur passionné, aimant les bois et les chants du rossignol, brave et bon soldat, pacifique pourtant, en paix avec tous ses voisins, sauf avec l'Ordre qui ne cessait de le provoquer à la guerre. Point fanatique, et incapable de mettre à mort un missionnaire, ce païen était en relations diplomatiques avec la cour de Rome. » (Lavisse) C'est lui que Dieu destinait à mettre fin aux guerres éternelles qui ruinaient son pays, à donner au Christ un nouveau royaume et à fonder une dynastie justement célèbre dans les annales de la Pologne et de l'Eglise. Et c'est en effet vers lui que débutèrent les nobles polonais, lui offrant la couronne et la main d'Edvige, fille de leur dernier roi, s'il voulait se convertir. La réponse ne se fit pas longtemps attendre.

Le 15 février 1386, Jagel, en grande pompe, à Cracovie, recevait le baptême ; trois jours après, le nouveau converti épousait l'héritière du roi de Pologne, et quelques semaines plus tard l'époux d'Edvige recevait solennellement la couronne royale, sous le nom de Ladislas Jagellon, prince de Lithuanie et roi de Pologne. Plusieurs seigneurs de sa suite avaient, comme lui, reçu le baptême, après avoir, comme lui, signé l'engagement de rendre leurs peuples chrétiens.

De retour à Vilna, princes et seigneurs s'occupèrent

sans retard de tenir leur promesse. Une diète tenue à Vilna même, proclama le christianisme religion de l'Etat. Vilna devint dès lors le siège d'un Evêché dont le premier titulaire fut un franciscain polonais, André Vasillo confesseur de la reine — 1388-1398. Par ordre du prince, le feu sacré qui brûlait dans le château de Vilna, est éteint, l'idole de Perkoum renversée, les serpents sacrés sont tués, les bois fatidiques coupés. En même temps les sujets sont invités à embrasser la religion de leur seigneur et maître.

Docile et heureux, le peuple vient en foule se faire instruire et baptiser. L'instruction qu'on lui donna fut malheureusement très rudimentaire, par suite de l'ignorance où étaient les prêtres polonais de la langue lithuanienne, et le baptême lui fut administré, avec une précipitation qui ne rappelle que trop l'initiation chrétienne des russes de Kiev et de Moscou, au temps de Vladimir. Les catéchumènes entraient par troupes dans des ruisseaux où on les baptisait en donnant un seul prénom à tous les hommes, un seul à toutes les femmes. Chaque néophyte recevait au sortir du bain régénérateur un vêtement neuf, don de la munificence royale. Bien des fois sans doute le Lithuanien pauvre et naïf, vint recevoir le baptême, pour revêtir et emporter la blanche tunique du néophyte, et sur les bords du Niemen, comme autrefois sur ceux du Rhin et de l'Oder, on dut veiller à ce que des catéchumènes trop empressés ne se fissent baptiser plusieurs fois pour mieux garnir leur garde-robe.

Officiellement et presque sans coup férir la Lithuanie devint chrétienne et catholique comme son roi. Jagellon ne s'arrêta pas en si beau chemin, et après avoir fait de la Lithuanie un peuple de baptisés, il eut à cœur d'en faire un peuple de croyants sincères et de chrétiens sérieux. Dans ce but, il fit donner des missions et prêcha lui-même le christianisme à ses sujets. La douceur et la charité des missionnaires polonais firent oublier au peuple lithuanien la brutalité et les convoitises des chevaliers allemands. « Pour la première fois, dans cet extrême occident si cruellement évangélisé par des margraves teutons et des chevaliers teutoniques, une nation venait à une autre lui parler sans haine du Dieu de l'amour, lui donner le Livre des livres sans le présenter à la pointe de l'épée, et en échange de la civilisation qu'elle apportait, elle ne songeait ni à demander la terre des habitants, ni à vouloir leur ravir leur langue, leurs mœurs, leur dynastie ». Julian Klaczko.

N'était il pas nouveau également, sans exemple même, dans les Annales de l'Europe chrétienne, le spectacle de ce prince païen, revenant d'un pays étranger avec une foi étrangère et la prêchant à ses sujets sur les chemins et les places publiques? et une victoire achetée à ce prix pouvait-elle rester incomplète et ne pas être définitive?

Une part considérable dans ce triomphe éclatant de la foi, revient de droit à la reine Hedvige. Ses grâces, ses vertus, ses bienfaits, ses lumières, en ont fait la reine la plus accomplie, la femme la plus vénérée du monde slave. La littérature moderne de la Pologne date de son règne et de son impulsion. Française de race, polonaise de cœur, apôtre par vocation, elle gagna, par sa douceur et sa charité, irrésistiblement à la foi romaine le cœur de son époux et celui de ses nouveaux sujets. A sa mort, en 1399, elle légua par testament toute sa fortune privée, moitié aux pauvres, moitié à l'université de Cracovie (1).

(1) Un mot vraiment sublime de cette sainte reine va nous révéler son âme. Aussi bien résume-t-il toute sa vie. C'était en 1387 : le couple royal, nouvellement marié arrivait à Gnesen, et, selon l'habitude alors générale dans toute l'Europe, les gens du cortège s'abattirent dans la campagne et enlevèrent le bétail des paysans, sous le prétexte de fournir aux besoins de la cour. Les malheureux campagnards vinrent se plaindre de la spoliation ; ils pleuraient, ils sanglotaient, et demandaient la restitution de leur unique avoir. Frappé de la profonde consternation d'Edwige, le roi alla lui-même aux informations et fit prompte justice : « Soyez consolée, dit-il à Edwige en revenant, j'ai fait rendre leur bien à ces pauvres gens. — Oui, répondit la reine ; mais, *qui leur rendra leurs larmes?*

CHAPITRE V

COMMENT LA POLOGNE SAVAIT « UNIR »

Pendant les deux siècles qu'elle resta maîtresse de la Blanche et de la Petite-Russie, depuis la diète de Lublin, en 1569, jusqu'au partage de 1772, la Pologne ne négligea rien pour rendre à ces deux pays le bienfait de la foi romaine. Catholique avant tout, elle vit principalement dans l'acte politique qui fit entrer dans son empire deux peuples nouveaux un motif de plus et une facilité plus grande que Dieu lui donnait de travailler à leur conversion. L'œuvre était noble et sainte entre toutes. Gagner à la foi catholique l'église ruthène, ce n'était pas seulement rendre à deux peuples endormis dans le schisme et l'hérésie la pureté féconde de leur foi primitive; c'était préparer le triomphe de la véritable Église dans la Slavie orientale, c'était jeter un pont entre l'Orient schismatique et l'Occident catholique, c'était en outre travailler efficacement à rapprocher les slaves de l'est et les slaves de l'ouest, c'était, en un mot, rendre au monde slave, coupé en deux depuis des siècles par la religion, l'unité dans la vérité. Les Blancs-Russiens et les Petits-Russiens acquis à la foi romaine, il devenait en effet moins malaisé d'ouvrir au catholicisme les portes de la Moscovie. L'exemple de leurs pères occidentaux devait tôt ou tard entraîner les Grands-Russiens sur le chemin qui mène à Rome. Les souverains pontifes, les rois de Pologne et les jésuites, serviteurs des premiers et conseillers des seconds, virent très nettement, dès le premier jour, toutes les conséquences politiques et religieuses de la grande œuvre qu'ils entreprenaient de concert. L'union religieuse devait lentement préparer l'unité de la race slave, conquérir l'Orient chrétien à la civilisation occidentale et au christianisme romain, en un mot réaliser le rêve du panslavisme, au profit de Rome et de l'Occident.

Le rêve certes était beau, l'entreprise pleine de grandeur, mais comment réaliser le premier ? par quel moyen faire réussir la seconde ? L'église ruthène était, nous l'avons dit, de *langue slave*, de *rite grec* et de *foi byzantine*. Ses prêtres et ses fidèles tenaient à leur langue par patriotisme, à leur rite par religion, à leur foi par ignorance. L'Église polonaise, au contraire, était de *langue latine*, de *rite latin* et de *foi romaine*. Tout chez elle était romain, la langue, le rite, la foi, le cœur surtout : c'était là sa force et son honneur. C'est ce qui lui permit de réaliser dans la mesure du possible le rapprochement tant désiré, c'est ce qui l'aida puissamment à amoindrir, sinon à supprimer complètement le grand obstacle à l'Union, le respect superstitieux des Slaves pour les rites traditionnels et leur susceptibilité maladive pour tout ce qui touche à l'usage liturgique du slavon.

La tentation, en effet, devait venir aux missionnaires polonais chargés de convertir les Rhutènes, non seulement de les *catholiciser*, en leur faisant abjurer la foi de Byzance pour leur faire adopter la foi de Rome, mais encore de les *poloniser*, en les obligeant à substituer au rite grec le rite latin, et au slavon liturgique, la langue latine. De fait la tentation vint à plusieurs et quelques-uns y succombèrent. Ce fut un très grand malheur ; tout à l'heure nous dirons pourquoi. Mais, heureusement pour le succès de la grande œuvre qu'elle entreprenait, l'Église de Pologne était encore plus catholique que polonaise. Rome fut écoutée et l'œuvre réussit ; voici à quelles conditions et dans quelle mesure.

Les souverains pontifes intervinrent fréquemment et leur intervention toujours bienfaisante eut principalement pour but de maintenir les nouveaux convertis dans la pleine possession de leurs droits légitimes, et de rappeler aux missionnaires les lois de la modération et de la sagesse. Sans hésiter, ils reconnurent aux partisans de l'Union le droit de célébrer le rite grec en langue slavonne ; constamment ils protestèrent non seulement de leur désir, mais de leur volonté inébranlable, de conserver aux « uniates » les usages et les formes liturgiques du rite grec. Plusieurs grands papes tels que

Clément VIII, Paul V, Benoît XIII et Benoît XIV insistèrent particulièrement sur ce grave sujet (1). Il y a longtemps que l'on sait à Rome qu'aux yeux du peuple changer de rite est en un sens plus grave et plus difficile que changer de religion. On a vu en effet beaucoup de

(1) C'est surtout à l'occasion du concile de *Zamosc* que les souverains pontifes donnèrent la preuve éclatante de leur respect pour les rites et les usages de la liturgie orientale. Ce concile fut convoqué par le métropolitain Léon Kiska (1720) dans le but de réformer de graves abus qui s'étaient glissés dans la liturgie et dans la discipline de l'Eglise grecque unie.

Il décida : 1° que pour confirmer d'une manière plus expresse l'union avec Rome et dans le dogme et dans la discipline, on n'omettrait désormais sous aucun prétexte le *Filioque*, dans le symbole des apôtres, non plus que la prière pour le Pape à la messe et dans d'autres parties de la liturgie; 2° que pour faciliter l'usage du sacrement de pénitence, le jeûne de trois jours qu'exigeait l'Eglise orientale cessait d'être obligatoire ; 3° que pour rendre à l'Eucharistie le culte qui lui est dû, on s'abstiendrait de donner selon l'usage oriental la communion aux tout petits enfants, et on recommanderait aux fidèles de communier au moins trois fois l'an, le jour de Pâques, de l'Assomption et de Noël. Le reste des modifications porte sur des détails purement cérémoniels, et ces modifications ont pour but d'accentuer d'une manière plus nette la différence qui sépare le schisme gréco-russe de la foi véritable.

Le concile a bien soin de donner comme un retour à la pureté primitive du rite grec tous ces changements accidentels ; et de fait, il aurait pu les légitimer tous en s'appuyant uniquement sur la liturgie orientale elle-même et sur ses plus anciens euchologes.

Et cependant le saint siège hésita à approuver les décisions des pères de Zamosc, et lorsqu'il se fut décidé à sanctionner leurs décrets, il sentit le besoin de déclarer formellement que tous les précédents décrets des conciles généraux et des Papes relatifs au rite resteraient toujours en vigueur, et deux brefs successifs rendus au dernier siècle, dans un intervalle de trente ans à peine par deux grands papes, Benoît XIII et Benoît XIV, sont venus confirmer une doctrine que leurs successeurs n'ont jamais cessé de rappeler dans toutes les occasions. Voir surtout la *Constitution* de Léon XIII, *Orientalium dignitas Ecclesiarum*, du 30 novembre 1894.

peuples changer de religion ; en a-t-on vu changer de rite sans changer de foi? Les Orientaux surtout sont sur ce point d'une susceptibilité maladive. On dirait que pour eux les formes extérieures sont le tout, ou à peu près, de la religion. Enfin ils changèrent le moins possible au gouvernement intérieur de l'église ruthène, Clément VIII reconnut au métropolitain de Kiev le droit de choisir et de confirmer ses suffragants. Lui seul avait besoin de la confirmation pontificale. Le chef de l'église ruthène, soumis personnellement au chef de l'Eglise universelle, gouvernait librement les évêques et les fidèles de son rite et de sa communion.

L'honneur d'avoir mené à bonne fin l'œuvre de la réconciliation des deux Eglises revient principalement aux Pères de la compagnie de Jésus qui surent, là comme ailleurs, se montrer prompts à comprendre et hardis à exécuter les desseins généreux des souverains pontifes et des rois de Pologne. Ce qui manquait le plus à l'Eglise ruthène, c'était la lumière. Le peuple était grossier et le clergé inculte. Avant tout donc il fallait instruire. Les collèges et les missions sont les moyens les plus efficaces d'éclairer les esprits et d'ébranler les cœurs, surtout en matière religieuse ; les jésuites ouvrirent des collèges et donnèrent des missions. Les rois de Pologne, comme c'était leur droit et leur devoir, dotèrent les collèges et encouragèrent l'œuvre des missions ; ils favorisèrent même de tout leur pouvoir le succès de l'entreprise, réservant aux « uniates » les privilèges et les honneurs, mais jamais ils n'usèrent de violence légale pour activer le travail des conversions, jamais ils ne songèrent à étrangler par des lois hypocrites ou à supprimer par des actes arbitraires d'un pouvoir sans scrupules la liberté des dissidents schismatiques, comme le feront plus tard pour les uniates les tzars intolérants et barbares. Charitables et patients précisément parce qu'ils sont catholiques, ils tolèrent l'hérésie tout en s'efforçant de ramener les hérétiques à la foi véritable. Leur tolérance dura autant que leur pouvoir, et pas un d'entre eux ne songea à détruire la hiérarchie schismatique qui subsista jusqu'au partage de la Pologne à côté de la hiérarchie grecque unie. Plusieurs même furent tolérants jusqu'à l'imprudence. C'est ainsi que Ladislas IV alla jusqu'à doter de riches revenus et d'une imprimerie l'université schismatique fondée à Kiev par le métropolitain Mohyla, ennemi acharné du saint Siège (1645) ; et que son successeur Jean Casimir, cardinal de la sainte Eglise romaine avant d'être roi, accorda au métropolitain non uni de Kiew la permission de se placer sous la juridiction du patriarche de Moscou.

Cela n'a pas empêché les défenseurs attitrés de la politique russe, les Tolstoï, les Podebonostsef et autres complices instigateurs des attentats monstrueux commis contre les uniates au nom de « l'orthodoxie », d'accuser impudemment les rois de Pologne et les Jésuites d'intolérance et de cruauté. De la part d'écrivains russes intéressés à trouver une excuse à la conduite de leurs gouvernants, ce procédé s'explique aisément ; rarement en effet, pour justifier sa faute, le criminel recule devant la calomnie. L'assassin soutient volontiers qu'il est dans le cas de légitime défense. Ce qui étonne, ce qui indigne, c'est de voir des historiens nés catholiques et français se faire contre la Pologne, l'écho complaisant des calomnies moscovites. Comme c'est noble et fier d'insulter aux vaincus ! Mais rien vaudra-t-il jamais pour un sectaire le plaisir *délicat* de médire des rois et de calomnier les *Jésuites* (1) ?

(1) On lit dans l'*Histoire de la Russie* de M. Rambaud : « Les Jésuites qui, dans toute l'Europe, étaient à la tête de la réaction contre la Réforme, et dont on retrouve la main dans toutes les guerres civiles et dans toutes les grandes calamités du XVIe et du XVIIe siècle, apparurent bientôt en Pologne. Le protestantisme, qui n'avait que de faibles racines dans le pays, ne les retint pas longtemps ; aussitôt ils tournèrent leurs efforts contre la religion véritablement nationale dans les provinces russes-lithuaniennes, l'orthodoxie. Ils employèrent les moyens qui leur avaient partout réussi en Europe, fondant des collèges, s'emparant de la jeunesse, s'insinuant auprès des femmes, occupant l'oreille des rois, comptant encore plus sur les habiletés mondaines que sur les moyens purement ecclésiastiques de la prédication, de la confession, des pèlerinages. Le brave Batory,

En 1570 les Pères ouvraient leur premier collège à Vilna. Vingt-cinq ans après, en 1595, les représentants les plus autorisés de l'Eglise orthodoxe signaient à Brest l'acte d'Union à l'Eglise romaine. Sigismond III et Clément VIII accueillirent cette nouvelle avec des transports de joie. L'Eglise ruthène était créée. Ses débuts cependant furent orageux. A l'instigation du patriarche de Constantinople, les évêques petits-russiens et blancs-russiens restés fidèles à « l'orthodoxie » — c'était la majorité — se réunirent à Brest en Lithuanie, en 1596. Nicéphore envoyé du patriarche présida le concile, Balaban évêque de Lemberg en fut l'âme, le comte Ostrojski le principal soutien. Ragoza, métropolite de Kiev, Terletski de Loutsk et Potieï de Vladimir, les trois signataires de l'acte d'union, y furent traités d'apostats et excommuniés avec tous leurs partisans. Le peuple ignorant et prévenu prit en maint endroit fait et cause pour l'orthodoxie. A Lemberg en Galicie, à Vilna en Lithuanie, à Loutsk en Volhynie, à Kiev, il s'organisa en corporations ou confréries pour opposer à l'*Union* une résistance plus ferme et plus efficace. Les têtes s'échauffèrent, le sang coula. Les orthodoxes de Vitepsck jetèrent dans la Düna le cadavre de l'évêque

qui se préoccupait avant tout de la paix publique et de la grandeur nationale, les tint à l'écart. Ils trouvèrent un roi à leur gré dans Sigismond III, médiocre émule des Philippe d'Espagne et des Ferdinand d'Autriche, très propre à attirer sur l'Orient les calamités qui désolèrent la Germanie et l'Occident. Il protégea les jésuites ; il usa de toute l'influence et de toutes les séductions que le trône mettait à sa disposition pour amener au catholicisme la noblesse orthodoxe de ses provinces orientales. Pour agrandir le champ des conversions, les jésuites imaginèrent un compromis ; c'était d'obtenir du clergé et du peuple russes la soumission au Saint-Siège, tout en leur garantissant le maintien de la liturgie en slavon et des usages particuliers à l'Eglise orientale ; c'est ce qu'on appelle l'union des deux Eglises. Au reste, l'*union*, une fois obtenue, n'était dans leur esprit qu'une transition à l'unité et même à l'uniformité complète ; Pierre Skarga, le jésuite qui publia le livre *De l'Unité de l'Eglise de Dieu*, voulait exclure la langue slavonne de l'enseignement et n'admettait que le grec et le latin. » P. 310-311.

Kounkewicz après l'avoir égorgé, le 12 novembre 1623. Moscou attisait par tous les moyens le feu de la révolte et encourageait ouvertement l'insurrection. L'orthodoxie eut peut-être quelques victimes, mais l'Union seule eut des martyrs. Les deux plus connus sont l'évêque Kounkewicz dont nous venons de parler, et le jésuite Bobola, mis à mort en 1655, après avoir enduré avec un courage surhumain les supplices les plus effroyables. Le premier a été canonisé sous le nom de Josaphat, qu'il avait pris en entrant dans l'ordre de saint Basile. Joseph Velamin Rutski, métropolitain de Kiev — 1613-1623 — son ami personnel et le protecteur de l'ordre Basilien, dont il avait, avec son concours, entrepris la réforme et la conversion, n'échappa que par miracle aux fureurs des schismatiques, et mérita pour son intrépidité à défendre les droits du Saint-Siège, le surnom d'Athanase de la Russie que lui donna solennellement le pape Urbain VIII.

Peu à peu, cependant, les esprits se calmèrent. Ouvertement soutenu et favorisé par le gouvernement polonais, sagement conseillé par les représentants du souverain pontife, puissamment soutenu par le concours intelligent et dévoué des jésuites, le parti de l'Union se fortifia, s'organisa, devint prépondérant surtout dans les provinces occidentales, à tel point, qu'au moment du premier partage, l'Église ruthène avait rallié pacifiquement au roi de Pologne et au pape la grande majorité des Petits et des Blancs-Russiens, douze millions pour le moins, au dire de Theiner. Ces multitudes de convertis obéissaient aux évêques unis de Vladimir et Brest, de Luzk et Ostrog, de Polozk et Witebsk, de Przemysl et Sambor, de Leopol, de Chelm et Belz, de Pinsk et Turow, de Smolensk, soumis eux-mêmes au métropolitain de Kiev, et étaient distribuées en 13,000 églises paroissiales et 17,000 succursales dont 11,923 dans le seul diocèse de Kiev.

CHAPITRE VI

COMMENT LA RUSSIE « SÉPARE »

La politique de la Russie vis-à-vis de l'Eglise ruthène est d'une simplicité pour le moins égale à son immoralité. Le but qu'elle poursuit est d'une clarté parfaite; les moyens qu'elle emploie n'ont rien de compliqué; il s'agit purement et simplement, pour elle, d'anéantir par la violence et la corruption l'œuvre de la Pologne, de *décatholiciser* les Petits et les Grands-Russiens. C'est monstrueux, mais c'est logique, et, quand on peut un instant se mettre au point de vue russe, tout révolte, mais rien n'étonne dans la conduite du tsar et de ses suppôts vis à-vis des catholiques de rite grec.

Voici comme raisonne tout citoyen de la Grande et Sainte Russie: Au Moscovite, au Grand-Russien revient de droit l'hégémonie du monde slave. Il est l'aîné de la grande famille. A lui d'en réunir les membres dispersés; à lui de réaliser au profit de Moscou et du Tsar le rêve du panslavisme. Or les petits et les Blancs Russiens sont pour le Moscovite non seulement des Slaves, mais de véritables Russes, des frères, des compatriotes. C'est par eux qu'il faut commencer l'accomplissement du grand dessein. Avant de devenir l'autocrate de la Slavie, le tzar doit être le souverain de toutes les Russies. Depuis plus de trois siècles la Moscovie poursuit avec une énergie indomptable la réalisation de ce premier point de son programme politique. Elle a brisé la Pologne, pour affranchir du joug étranger les Russes de l'Oukraïne, de la Volhynie, de la Podolie, de la Lithuanie; elle brisera peut-être un jour l'Etat autrichien pour délivrer du joug allemand les Russes de la Galicie et de la Bukovine.

Mais tout Russe est « orthodoxe ». La Sainte Russie a reçu du ciel la mission de conserver ou de rendre à la race slave la pureté de *sa* religion. Moscou est l'héritière de Byzance qui lui a légué sa foi, son rite et son ambition.

Le premier devoir du chef civil et religieux de l'empire est donc de procurer à tous ses sujets le bienfait de l'orthodoxie nationale. Aux yeux du Grand-Russien c'est pour ainsi dire renier sa patrie que d'abandonner la religion russe ; c'est être apostat que de pratiquer un culte étranger, et tout russe qui fait retour à la mère patrie doit faire retour à l'Eglise orthodoxe. Une fois incorporé à la Moscovie, le ruthène devient donc de plein droit russe et orthodoxe. S'il suit un culte étranger, s'il a passé au rite latin, c'est un *apostat*, on a le droit de lui faire expier son crime ; si, tout en gardant la langue slave et le rite grec, il a répudié la foi byzantine et accepté l'union avec Rome, c'est un *égaré*, il faut l'engager par tous les moyens, et au besoin on peut le contraindre par la violence à retourner à la religion de ses pères, car il n'a jamais eu le droit de l'abandonner ; si, au contraire, il a su garder, sous la domination étrangère, à la religion nationale, une fidélité inviolable, c'est un *confesseur*, un héros, un martyr, il a droit à tous les honneurs et à tous les privilèges.

Ainsi donc, arracher à Rome pour les rendre à Moscou tous les peuples de race slave et plus particulièrement tous les peuples de la famille russe, voilà le but avoué de la politique religieuse des tsars ; traiter en confesseurs les fidèles de l'Orthodoxie, en égarés les catholiques de rite grec, en apostats les russes de rite latin ; combler de faveurs les premiers, user de violence, de ruse et de séduction pour hâter le *retour* des seconds, amener de gré ou de force les troisièmes à *se convertir* ou à s'expatrier, voilà les moyens dont elle se sert pour mener à bonne fin sa *patriotique* et *sainte* entreprise. Nous l'avons dit, une pareille conduite est d'une clarté et d'une simplicité parfaites. C'est le chef-d'œuvre de la logique dans l'injustice ; on n'est pas plus correctement et plus froidement criminel.

Pour réaliser leurs vues scélérates, les défenseurs de l'orthodoxie officielle auront recours à deux moyens d'une efficacité malheureusement trop constante et trop universelle, la perfidie et la violence. Ils seront perfides jusqu'au *satanisme* et violents jusqu'à la barbarie : *Opprimamus sapienter*, telle sera jusqu'au bout leur devise. De noirs apostats, des traîtres achetés par les orthodoxes élaboreront ces *plans* de persécution d'une perfidie satanique ; de durs tyrans publieront pour les réaliser des *ukases* d'une violence barbare. Le plus célèbre des « Judas », hélas trop nombreux, qui ont vendu leur âme à « l'Orthodoxie », est sans contredit, l'évêque apostat Joseph Siemaszko (1). Son *plan* d'abolition de l'Eglise grecque unie, soumis à Nicolas Ier dès 1829, a le triste avantage de compléter, en les résumant, les conseils perfides donnés de tout temps par les ruthènes apostats aux ennemis acharnés de l'Union, et d'éclairer d'un jour très vif la conduite des persécuteurs de l'Eglise ruthène, depuis Nicolas Ier jusqu'à Nicolas II. A ce titre nous croyons devoir en donner ici une courte mais substantielle analyse. Le texte du célèbre *Rapport*, rédigé par Siemaszko a été livré au public par un de ses coreligionnaires, le prêtre russe Morochkine. Le Rév. Père Martinov en a donné une traduction française dans les *Etudes* des Pères Jésuites (2).

Voici la pensée du traître : *L'Union* doit cesser ; car elle est le fruit maudit de l'intolérance catholique et de la violence polonaise. L'anéantir, c'est rendre aux âmes la liberté. Jusqu'ici l'œuvre sainte de la *conversion* des uniates marche péniblement. Pourquoi ? Les raisons en sont nombreuses, Siemaszko énumère les suivantes : 1° la plupart des uniates sont des paysans, serfs de maîtres latins qui leur imposent la foi romaine. — 2° Beaucoup de prêtres unis, dépossédés de leurs fonctions par suite

(1) Ancien élève du séminaire catholique de Vilna, nommé en 1812 assesseur au collège apostolique de Saint-Pétersbourg, se laisse proposer au Pape par le gouvernement pour l'évêché uniate de Lithuanie, trois ans après avoir soumis à Nicolas son plan d'abolition de l'Eglise grecque (1830), meurt impénitent en 1868 après une longue vie consacrée tout entière à la réalisation du projet infâme dont il est l'auteur. On retrouve sa main ou son conseil dans tous les actes du gouvernement qui, jusqu'à ces derniers temps, ont contribué à la ruine du catholicisme en Russie.

(2) *Etudes*, 1873, I, 70 suiv.

de la *conversion* partielle ou totale de leur paroisse au schisme, continuent, sous la protection des seigneurs latins, à résider et à exercer le ministère pastoral dans leurs anciennes paroisses. 3º Plusieurs seigneurs confient leur chapelle latine à des prêtres grecs; grand nombre de curés latins, 182 dans le seul diocèse de Loutsk, ont des vicaires uniates. 4º Des paroisses entières d'anciens convertis retournent à l'Union, et ce mauvais exemple ébranle même les plus orthodoxes. 5º Dans la Russie blanche et en Lithuanie on voit souvent des familles, des paroisses, des districts entiers abandonner le rite grec pour le rite latin. 6º La jeunesse catholique des deux rites reçoit dans les séminaires une éducation mixte dangereuse pour le rite grec. 7º Grâce à ses richesses et à ses relations sociales, le clergé latin exerce, au sein même du collège catholique, une influence prépondérante sur les ecclésiastiques grecs unis. 8º Le rite grec des uniates se latinise de plus en plus. Le premier devoir de l'empereur est de mettre ordre à ces abus. L'apostat connaissait bien les ressources et les faiblesses de l'Église qu'il trahissait.

Les abus supprimés, restera à faire usage des moyens les plus propres à ramener les égarés, à « convertir » les catholiques. *Ces moyens*, quels sont-ils ? Voici ceux que propose « Judas ». Tous portent la marque de son génie; l'habileté en égale la bassesse. 1º Créer le plus tôt possible, sous le nom de *collège grec-uni*, une sorte de synode catholique, complètement séparé de celui du rite latin et ayant pour mission de veiller à ce qu'on n'introduise dans le culte aucun rite nouveau et qu'on observe exactement les anciens. 2º *Donner une meilleure organisation aux diocèses*, c'est-à-dire, en réduire le nombre afin de n'avoir que des évêques dont on soit tout à fait sûr. 3º Les évêques sortant tous de l'*ordre de saint Basile*, le seul que reconnaisse l'Église grecque, et cette congrégation étant le plus ferme appui de l'union et de la foi catholique, on doit s'attacher principalement à la désorganiser et à la détruire. On lui enlèvera d'abord les appuis *matériels*, en lui interdisant de recevoir des novices, puis en supprimant des monastères entiers, sous prétexte qu'ils n'ont pas le nombre canonique de membres. Les biens des couvents supprimés seront naturellement confisqués. On brisera sa *force morale*, en le privant du droit d'enseigner; on lui enlèvera les écoles et les séminaires pour les confier à des maîtres initiés aux vues du gouvernement et zélés pour l'orthodoxie gréco-russe. On les soumettra même à une *commission* générale des *écoles schismatiques* et au pouvoir du procureur du Synode. On désorganisera le gouvernement de l'ordre, en supprimant les provinciaux et en réduisant tous les religieux sous la juridiction épiscopale, toujours à l'exemple de l'Eglise dominante. 4° Les monastères une fois réduits et dépouillés au profit du *clergé séculier*, on s'en prendra aux paroisses qu'on s'industriera à rapprocher du schisme en rompant les liens qui les rattachent aux catholiques de rite latin. Pour gagner le clergé séculier, on attisera des jalousies contre les religieux basiliens, on flattera en même temps son ambition par l'appât des honneurs. 5° Profitant de l'extrême attachement *du peuple* aux rites, on lui persuadera que l'Eglise qui les conserve intacts est la seule orthodoxe, et sous prétexte de ramener le rite grec uni à sa pureté primitive, on proscrira toutes les traces de l'influence séculaire des Latins, telles que: orgues, autels latéraux, messes basses, sonnettes, confessionnaux, etc., etc., et à la place de ces pratiques du culte latin, on introduira les formes en usage chez les schismatiques. Aux livres liturgiques et de dévotion imprimés en Pologne, on en substituera d'autres imprimés à Moscou, et contenant de véritables hérésies. 6° Prendre des mesures énergiques pour empêcher les orthodoxes de *se convertir au catholicisme*, ou les uniates de passer au rite latin. 7° Créer des écoles ecclésiastiques pour les grecs unis, qui seront désormais tenus soigneusement à l'abri de tout contact avec les élèves latins. 8° Attacher une importance capitale à l'*étude de la langue russe*, et sous prétexte de faire faire aux élèves des progrès plus rapides dans cette langue, envoyer les plus avancés terminer leurs études dans les établissements schismatiques, tandis qu'on installera dans les écoles catholiques des professeurs orthodoxes. « Le clergé grec-uni, écrivait Siemaszko, en 1838, doit être élevé dans la complète persuasion que la langue russe est sa langue maternelle. » 9° Ne rien négliger pour mettre à tous les postes de quelque importance des hommes dont on puisse répondre, et dans ce but écarter les incorruptibles, et descendre — l'apostat ne recule pas devant ce conseil infâme plusieurs fois insinué — jusqu'à l'achat des consciences par l'argent et les honneurs.

Ces moyens il faut les employer avec prudence et fermeté. Ils sont sûrs. Leur emploi judicieux doit, à courte échéance, déformer l'église grecque-unie à la ressemblance de l'Eglise schismatique. Avant peu, tous les éléments vitaux de l'Eglise uniate, haute hiérarchie, clergé séculier, clergé régulier, écoles, rite, discipline seront *décatholicisés*, et il n'y aura plus qu'un pas à faire pour que l'Eglise grecque-unie disparaisse dans le Schisme (1).

CHAPITRE VII

COMMENT LES TSARS « CONVERTISSENT »

Les perfides conseils que l'apostat Siemaszko écrivait pour Nicolas en 1827, Stanislas Siestrencewicz Bohusz les donnait tout bas à Catherine dès 1772. Tous les apostats se ressemblent ; haineux et perspicaces tout à la fois, ils font avec rage, à la cause qu'ils ont trahie, une guerre d'autant plus dangereuse qu'ils savent où diriger leurs coups pour les rendre et plus douloureux et plus redoutables.

A peine mise en possession des provinces tant convoitées de l'Oukraïne, de la Volhynie, de la Podolie, l'astucieuse et sanguinaire tsarine lance à travers la Petite Russie toute une armée de popes fanatiques escortés de bandes de soldats recrutées à dessein parmi les plus féroces habitants des « Confins ». Pendant que les popes prêchent, les *Zaporogues* pillent et tuent. Le cosaque

(1) Martinow, *Etudes religieuses*, 1873, I, 71 suiv. ; Lescœur, *l'Eglise catholique en Pologne*, I, ch. III.

soutient à grands coups de sabre les arguments du missionnaire orthodoxe, ceux qui refusent de se *convertir* ont le nez coupé, les dents enfoncées, le ventre ouvert. Quelques auteurs évaluent à plus de 200,000 le nombre des victimes de ces féroces bandits (1). Les prêtres qui refusent de passer au Schisme, sont arrachés à leur église et à leur famille, et emprisonnés, exilés ou massacrés. Pendant ce temps, Catherine chante elle-même et fait chanter par les philosophes ses amis, sa tolérance et sa douceur ! En 1793, lors du second partage, elle signait solennellement à Grodno l'engagement qu'on va lire : « Sa Majesté l'Impératrice de toutes les Russies promet d'une manière irrévocable pour elle, ses héritiers et ses successeurs, de maintenir à perpétuité les catholiques romains des deux rites dans la possession imperturbable des prérogatives, propriétés et églises, du libre exercice de leur culte et discipline (2) ». Or, quelques mois après, d'un trait de plume, elle supprimait tous les diocèses unis des provinces petites russiennes et, par un raffinement de perversité hypocrite, à la place des évêchés de Luck, de Wladimir, de Chelm en Volhynie, et de Kamenez en Podolie, presque exclusivement peuplés de catholiques, qu'elle déclarait abolis, elle instituait les évêchés de Pinsk et de Latitschev, dans des villes où il n'y avait pas un seul catholique romain. Défense était faite expressément de jamais rétablir le siège métropolitain catholique de Kiev (de fait depuis lors les Grecs-Unis n'ont plus eu en Russie de métropole permanente). Peu après, les popes et les zaporogues entreprenaient, au nom de Catherine, la *conversion* des diocèses supprimés. Quand elle mourut en 1796, trois ans seulement après avoir signé l'engagement qu'on a lu plus haut, l'Église ruthène n'était plus qu'une ruine. A force d'astuce et de cruauté, elle était parvenue à dévaster cinq diocèses (3), à détruire

(1) LESCŒUR, *l'Église catholique en Pologne*, I, 46. Les rapports officiels des Russes avouent 50,000 victimes.

(2) Traité de Grodno, art. VIII.

(3) L'obéissance moins rigide de quelques gouverneurs sauva d'une ruine totale le diocèse uni de Polock. Ailleurs, tout fut bouleversé et détruit.

150 couvents, à supprimer 10,000 cures et à arracher à l'Église près de huit millions de catholiques.

Sous Paul Ier (1796-1801) et Alexandre Ier (1801-1825) ses successeurs immédiats, l'église ruthène, sans retrouver la paix et la liberté, deux biens que la Russie est incapable d'accorder aux dissidents, jouit d'une tranquillité relative. La persécution fut beaucoup moins violente. Paul Ier rétablit officiellement par une convention conclue avec le Saint-Siège les évêques de Polock, de Luck et de Brest. Il alla même jusqu'à rendre aux Basiliens une partie de leurs couvents. Alexandre Ier créa de nouveaux diocèses à Vilna, à Vladimir, à Orcha. Pendant le premier quart du XIXe siècle, l'Église grecque unie fut donc à peu près tolérée dans l'empire. Cela lui permit de panser ses blessures et de reprendre des forces. En 1814, elle comptait 1,400.000 fidèles, 1388 paroisses et 91 couvents.

L'œuvre de Catherine fut reprise par Nicolas Ier (1825-1855) qui trouva encore moyen de renchérir sur l'hypocrisie et la cruauté de l'amie de Voltaire. « Parmi les souverains de la Russie, dit le R. P. Martinov, il n'en est pas qui aient autant travaillé à la ruine du catholicisme dans leur empire que Catherine II et Nicolas. C'est à la première que revient la triste gloire d'avoir conçu le projet d'abolir l'église grecque-unie dans les provinces occidentales nouvellement enlevées à la Pologne ; c'est le second qui peut revendiquer l'honneur plus triste encore d'avoir consommé l'œuvre impie de son aïeule. Catherine a mis au service de son idée toutes les ressources de l'astuce, de l'hypocrisie, de la violence ; Nicolas a usé de procédés semblables, mais plus raffinés et plus savamment combinés. »

Le nouveau règne s'ouvre pour ainsi dire par un acte d'hostilité contre les uniates. Un ukaze de 1826 interdit, sous des peines sévères, dans tout l'empire, la vente et la propagation des catéchismes et des livres de prières rédigés ou même simplement imprimés par des catholiques. De 1827 à 1839, presque tous les articles du fameux projet de Siemaszko sont successivement transformés en ukazes. On s'en prend tout d'abord à la *hiérarchie*. Un décret du 22 avril 1828 supprime l'évêché de Luck et transmet les droits des métropolites nominalement maintenus au consistoire uniate de Saint-Pétersbourg ; un autre modifie l'organisation intérieure de l'ordre de saint Basile, et soumet à la juridiction des évêques et de leur consistoire les 24 couvents provisoirement conservés. Un ukaze du 19 juillet 1832 ferme brutalement ces derniers asiles de la liberté religieuse, et rend pour ainsi dire impossible le recrutement de l'épiscopat grec-uni. L'empereur s'efforce ensuite de paralyser par un ensemble de mesures vexatoires tous les efforts du *clergé séculier*. Défense est faite à tout prêtre catholique non seulement de convertir « les étrangers », mais de confesser ses coreligionnaires d'un autre rite, mais d'avoir des domestiques orthodoxes, mais même de quitter son poste sans l'autorisation du gouvernement (1830). Notification est faite à tous les patrons de la suppression de leurs droits traditionnels par un ukaze qui réserve au gouvernement la nomination de tous les curés (1833). Ordre est donné de fermer immédiatement tous les collèges et séminaires grecs unis et d'envoyer leurs élèves ecclésiastiques terminer leurs études au séminaire schismatique d'Alexandre Newsky à Saint-Pétersbourg (1835). C'était rendre absolument impossible le recrutement du clergé grec uni.

En même temps qu'il achève, par les confiscations, les violences et les vexations de tout genre dont il l'accable, de ruiner le clergé séculier, il tend aux *paysans* un piège funeste. En Russie comme ailleurs, plus qu'ailleurs peut-être, le paysan est routinier. Il tient aux anciens usages, il respecte les traditions. Le moindre changement en matière religieuse le déroute et le scandalise. Plusieurs avaient été plus qu'étonnés des innovations introduites dans leur rite depuis l'Union. Les Jésuites et les Basiliens, ces derniers avec moins de discernement, avaient imposé aux uniates un certain nombre d'usages latins tels que litanies, processions, heures d'adoration, bénédictions du saint sacrement, messes privées, confessionnaux, orgues, sonnettes, bancs, etc. Tout cela n'était pas ou n'était plus complètement, pour le paysan, l'ancien rite, la religion de ses pères. Mettant adroitement à profit ce préjugé de paysans incultes,

Nicolas ordonna dans toutes les églises uniates la suppression pure et simple de toutes les innovations latines. Il voulait rendre à ses sujets catholiques de rite grec la pureté et l'intégrité de leur religion. Il comprenait fort bien qu'une fois le rite grec *délatinisé*, il serait relativement facile de *décatholiciser* le paysan. Le rite uniate et le rite orthodoxe étant désormais identiques, il n'y aurait plus, pour supprimer l'union, qu'à substituer le pope au prêtre catholique. La religion demeurait la même, on ne changeait que le célébrant ou le ministre. Restait le chef vénérable de l'Eglise ruthène, le vieux métropolite Boulgak. Il fallait à tout prix ou le séduire ou l'écarter. On lui fit au nom du tsar les offres les plus séduisantes, on en vint aux menaces les plus terribles. Tout fut inutile. Désespérant de le vaincre, l'empereur se résolut à patienter jusqu'à sa mort. Le saint vieillard s'éteignit dans l'isolement — on avait fait le vide autour de lui — dans les derniers jours de décembre 1838. Très peu de temps avant sa mort, le comte Blucoff pénétrait encore nuitamment dans sa chambre pour lui arracher une signature qu'il refusa, et le tsar ordonna, pour faire croire à son apostasie, que ses funérailles seraient célébrées selon le rite des orthodoxes.

A partir de ce moment Nicolas ne garde plus aucune mesure. Le traître qui l'inspire se démasque. Officiellement et solennellement, le 12 février 1839, Siemaszko et deux autres membres de l'épiscopat grec uni, ses complices, son vicaire l'évêque de Brest, et l'archevêque de la Russie-Blanche, le misérable Lubinski, supplient l'empereur de regarder comme non avenue l'union de 1595, fruit de la violence et de l'intolérance des polonais, et de les recevoir, eux, leurs prêtres et de leurs fidèles, dans « l'Eglise de leurs pères ».

L'Eglise orthodoxe célébra cet événement comme un grand triomphe pour la religion. Le haut procureur Protassof, un ancien élève des Jésuites, joignit ses conseils et ses efforts à ceux de Siemaszko pour exterminer l'Eglise Ruthène. Coup sur coup, le collège grec-uni est incorporé au synode schismatique, les prêtres unis sont proclamés orthodoxes, l'Union est irrévocablement supprimée. Défense est faite à tout prêtre de prononcer un discours qui n'aurait pas préalablement été approuvé par la censure et de chercher par un moyen quelconque à fortifier par l'instruction la foi des laïques (16 décembre 1839). Un ukaze de 1840 ne permet aux prêtres de confesser que ceux qui se présenteront avec un certificat constatant qu'ils sont catholiques. Un rescrit de 1842 confisque tous les biens ecclésiastiques « pour délivrer les prêtres de tous les soins d'administration incompatibles avec leurs fonctions ». Après la défense de parler, la défense d'écrire. Un ukaze de 1844 retire la presse des mains des catholiques.

Les défections furent nombreuses. Le gouvernement, décidé à en finir avec l'Église unie, ne recula devant aucune extrémité pour briser toutes les résistances. Popes et fonctionnaires rivalisèrent de zèle et de brutalité. Leurs grands moyens de *conversion* furent le knout et la Sibérie. L'empereur les approuvait, les récompensait. Tout fonctionnaire qui expédiait mille personnes en exil recevait une distinction. Le gouverneur de Witebsk, le protestant Schrader, recevait de Nicolas, en paiement des 33 000 âmes qu'il venait de livrer à l'Orthodoxie, 33 000 roubles et une place de sénateur. On ne respectait ni le sexe, témoin les abominables tortures infligées aux religieuses basiliennes de Minsk et à leur héroïque supérieure l'abbesse Iréna Makryna Mieczyslawska, décédée à Rome en odeur de sainteté, le 11 février 1869 ; ni l'âge, témoin les traitements odieux dont fut victime le saint vieillard Slobotski, abbé des basiliens de Kobron, mort de faim dans le cachot noir où ses bourreaux l'avaient enfermé seul après avoir épuisé pour ébranler sa foi toutes les ressources de leur haine perfide et lâche ; ni la condition, témoin ces centaines de nobles et ces milliers de paysans traînés comme des criminels, au fond des solitudes glacées de la Sibérie. On ne peut lire sans horreur le récit de tant de supplices ; le spectacle de tant de cruautés arrache aux orthodoxes eux-mêmes des cris de honte et d'indignation. « C'est nous, écrit à son père, en français, en 1842, un slavophile passionnément orthodoxe, G. Samarine, c'est nous qui sommes devenus les persécuteurs. Nous nous sommes mis vis-à-vis des catholiques dans la position inverse à celle où nous étions au

XVIIe siècle, et tout ce blâme que nous avons jeté sur Rome va retomber sur nous. C'est triste ! » et dans une autre lettre : » Il est douloureux de voir de quelle façon agissent les nôtres ; combien de mauvaise foi, d'astuce, de perfidie, de bassesse (1) ! ».

Le règne d'Alexandre II — 1855-1881 — marque la troisième période et forme comme le troisième acte de ce long drame d'oppression religieuse qui remet sous nos yeux la lente et cruelle agonie d'un peuple et d'une église faisant, pour échapper aux étreintes mortelles d'un gouvernement oppresseur, perfide et brutal, des efforts souvent héroïques, mais toujours infructueux.

Nicolas avait achevé l'œuvre de Catherine ; l'union était rayée du sol de l'empire ; la Blanche-Russie et la Petite-Russie étaient officiellement sans évêques, sans prêtres et sans fidèles catholiques de rite grec. Restaient 260,000 uniates environ dans le royaume de Pologne. L'anéantissement de ce groupe fut décidé dès le lendemain de l'insurrection de 1863. L'œuvre était difficile. Par conviction et par patriotisme les polonais de rite grec étaient très attachés à l'Union. Sans hésiter le gouvernement fit appel aux moyens criminels mais d'une efficacité reconnue employés par Catherine et par Nicolas : la ruse, la corruption et la violence. Tolstoï reprit la politique tortueuse de Protossof.

Les uniates polonais avaient de saints évêques ; ne pouvant les acheter, le procureur les exila. Les moines basiliens riches, respectés et profondément catholiques défendaient avec courage les droits de l'union ; ils furent brutalement spoliés et bannis. Un ukaze de 1872 ordonne de fermer leur couvent de Varsovie, le seul qui restait à l'ordre en Russie. Les prêtres séculiers, romains de croyance et polonais de cœur, montraient pour l'orthodoxie une antipathie par trop légitime ; ils furent remplacés par des prêtres galiciens, à tendance russophile et schismatique. Les paysans furent contraints de renoncer à toutes les pratiques latines introduites dans leur rite depuis l'union. En nombre de villages on dut employer la troupe pour enlever les orgues et les bancs, et

(1) Rouski, *Arkhiv.*, 1880, t. II, 289 et 295.

en plusieurs endroits on fit feu sur les femmes qui défendaient l'entrée de leur Eglise.

Après douze ans de cette politique sans franchise et sans dignité, Tolstoï crut l'heure venue de frapper un coup décisif. Par son ordre une pétition circule parmi les catholiques. Un pope suivi de cosaques la présente officiellement aux intéressés. C'est une demande très humble de réunion à l'Eglise mère, un acte de repentir pour l'égarement et la faute de l'union avec Rome. Il faut signer. Popes et cosaques insistent, pressent, menacent. La ruse et la violence font grossir tous les jours le nombre des signataires. Dès qu'ils jugent le nombre suffisant pour donner au crime qu'ils préparent depuis si longtemps les apparences de la légalité, Tolstoï et le prélat Popief proclament solennellement l'union à l'Eglise romaine à jamais abolie et la réunion à l'Eglise russe universelle et obligatoire (1875) (1).

Des milliers de courageux fidèles protestèrent contre l'hypocrisie sacrilège qui leur imposait avec les douleurs de la persécution le déshonneur de l'apostasie. Ils furent brisés. « On a employé contre eux les procédés imaginés contre les protestants par Louvois, y compris les garnisaires cosaques, et cela au déclin du XIXe siècle, sous un prince juste, réputé pour son humanité. Amendes, incarcération, fustigation, déportation, tortures, tout, sauf l'échafaud, a été mis en œuvre. Les prêtres réfractaires ont été destitués et exilés. Plusieurs centaines de laïques ont été déportés, les uns dans la province de Kerson, les autres dans celle d'Orenbourg, aux confins de l'Asie. Ceux qui n'ont pas voulu apostasier y sont encore. Les familles ont souvent été séparées, le père interné dans une contrée, la femme ou les fils dans une autre. Les terres de ces rebelles ont été séquestrées ou vendues à l'encan. Pour les anciens uniatés demeurés au pays, ils sont mis à l'amende s'ils ne vont célébrer les fêtes orthodoxes ou recevoir les sacrements de la main du pope. Leur Eglise est abolie, et l'Eglise latine leur est interdite. Il leur faut, pour leurs besoins religieux, aller à la

(1) Rapports des consuls anglais Mannofield et Webster, insérés au Blue-Book, 1874, 1875.

fontaine officielle ; peu importe que les eaux leur en semblent empestées, il leur est défendu de boire à la source voisine, la seule cependant qu'ils croient pure. » (Leroy-Beaulieu.)

L'avènement d'Alexandre III, en 1884, semblait promettre à l'église unie de Pologne une ère d'apaisement et de liberté relative. On vantait l'humanité et l'esprit tolérant du nouveau souverain. Les Uniates étaient persuadés qu'il ignorait leurs souffrances. Si on parvenait à l'en informer il aurait certainement à cœur de réparer les cruelles injustices dont ils avaient été les victimes sous le règne précédent. Illusion ! Alexandre III, fut plus encore que son père, russe et orthodoxe, et son précepteur Pobedonostsef, devenu haut procureur du saint synode, se montra encore plus queTolstoï soucieux d'affirmer les droits exclusifs de l'orthodoxie et de comprimer les aspirations de tous ceux qui ne sont pas strictement, comme lui et son souverain, russes et orthodoxes. Il vint lui-même étudier à Chelm les moyens de dompter les derniers défenseurs de l'Union, et pour mieux affirmer l'irrévocable résolution de l'orthodoxie d'en finir avec le catholicisme grec, il obtint du tsar son disciple qu'il interviendrait personnellement. Alexandre III se rendit, en septembre 1888, solennellement à Chelm où il écouta sans protestation la harangue de l'archevêque Léonce qui lui disait entre autres choses : « Votre visite affirmera la foi orthodoxe dans le cœur des fils revenus à notre sainte Eglise. *Le peuple verra de ses yeux que cette foi est celle de son souverain et qu'il doit s'y tenir fermement.* » Ainsi parle le clergé russe. Ces apôtres n'ont qu'un argument : convaincre le peuple qu'il a été ramené à la foi du maître et qu'il ne lui sera point permis de s'en écarter. Alexandre III est mort. Son fils Nicolas II a pris sa place. Pobedonostsef règne toujours au saint-Synode et plus que jamais la russification est à l'ordre du jour. L'ukaze draconien du 14 juillet 1898, inspiré par le terrible Procureur, a la prétention de porter à l'Union le coup de grâce en stipulant que tout ci-devant Uniate sera désormais considéré comme membre de l'Eglise officielle, selon la lettre des prescriptions de 1875 (1).

(1) Ce principe une fois posé, l'ukaze impérial, semble

La situation faite aux malheureux uniates depuis ces dernières manifestations de la politique religieuse du tsar et de son haut procureur devient de plus en plus intolérable. Plus de prêtres, plus d'Eglise. Si un catholique grec entre, pour y faire sa prière, dans une église de rite latin, s'il est surpris parlant à un prêtre du même rite, l'église est fermée et le prêtre envoyé en Sibérie. La loi est formelle. S'il passe la frontière pour aller demander en Galicie ou en Bukowine à un prêtre de son rite et de sa communion de l'absoudre, de le marier, de le bénir, c'est la prison et l'exil qui l'attendent au retour. Si un prêtre galicien est surpris par la police déguisé en colporteur ou en paysan, errant de village en village, pour consoler les uniates martyrs, les confessant et les mariant dans les bois ou dans les chaumières, il est immédiatement ou expulsé ou emprisonné. Il est plus facile à Rome d'envoyer des missionnaires au fond de la Chine que dans la Russie de Chelm. A l'intérieur, les popes qui se sentent soutenus redoublent d'audace et de dureté.

Non contents de contraindre les uniates à subir leur orthodoxie, ils ont la prétention de ramener à leur Eglise les familles ruthènes passées, même depuis longtemps, au latinisme. A l'aide de registres paroissiaux ils exercent une sorte de répétition des âmes, prétendant que les familles qui ont quitté le rite grec depuis 1836 doivent être considérées comme orthodoxes. Aux intéressés de prouver qu'aucun de leurs ancêtres n'a été baptisé par immersion.

Encore une fois c'est un martyre intolérable qu'endure

admettre, il est vrai, certaines infractions à la loi générale; et autoriser, en particulier, les malheureux Uniates à professer le catholicisme à condition de renoncer au rite grec-uni « à cause de sa ressemblance avec le culte orthodoxe » et de passer au rite latin; mais cette autorisation est donnée de si mauvaise grâce, d'une manière si compliquée et si peu claire; on exige tant de documents et de pièces justificatives; la décision suprême est si entièrement réservée aux seules autorités de l'Eglise russe, qu'il devient moralement impossible à qui que ce soit de bénéficier des rares exceptions admises pour certaines personnes nées avant la date de 1875. Voir *L'année de l'Eglise*, 1898, p. 355.

héroïquement à l'heure actuelle l'Église ruthène en Pologne. Des milliers de fidèles vivent sans sacrements, sans secours religieux d'aucune sorte. L'horreur qu'inspire le pope est telle qu'on a vu des mères étrangler leurs enfants pour leur épargner l'esclavage de l'orthodoxie. « Un de mes amis, un russe orthodoxe, a vu une femme briser la tête de son nouveau-né contre un mur plutôt que de le laisser baptiser par le pope. Ailleurs des parents se sont asphyxiés avec leur enfant qu'on voulait baptiser de force. » (Leroy-Beaulieu.)

Beaucoup préfèrent au mariage orthodoxe le concubinage légal. Le rapport du haut procureur, en 1884, constate dans le seul gouvernement de Sieldce 2.363 de ces « mariages de Cracovie ». Et voilà le sort que fait en 1903 aux catholiques nos frères la *grande* et *sainte* Russie, l'amie de la France !

Une citation pour finir. On écrivait de Posen au journal *le Monde*, à la date du 3 janvier 1889 : « Le croiriez-vous ! un ukaze récent a ordonné aux malheureux uniates de se raser les cheveux, afin de les faire mieux distinguer dans la foule des habitants de la Podlachie, qui portent généralement les cheveux longs et coupés au-dessus du front seulement. Tout prêtre catholique risque la Sibérie s'il s'avise de confesser un Uniate. Ceux-ci font des prodiges de sainte adresse pour obtenir quand même les consolations de la religion, surtout à l'heure suprême. Permettez-moi de vous citer un seul exemple, que je tiens de la bouche même du principal acteur de ce drame poignant. Un Uniate se trouvait à toute extrémité, et ne pouvait se résigner à mourir sans les sacrements de l'Église. Il ne pouvait être question de lui amener un prêtre catholique, qui eut été exposé par là même aux plus rigoureux sévices. Quant aux prêtres grecs-unis, il n'y en a plus. Tous ont été exilés en Sibérie ou ont cherché refuge en Galicie. Voici donc ce que l'on imagina pour satisfaire le mourant. On le plaça sur une charrette, qui s'arrêta comme par hasard sous le mur d'enceinte du cimetière catholique le plus voisin, où le curé fit semblant de se promener, tout en écoutant la confession dernière du moribond et en lui donnant les dernières absolutions. Malgré ce pieux subterfuge, un des gendarmes préposés à la garde du schisme imposé de force à ces malheureux surprit ce dernier entretien, en devina l'objet et dénonça le prêtre, qui fut aussitôt jeté en prison et menacé d'être envoyé en Sibérie. Cependant, comme il fut impossible de lui prouver son méfait, on commua la peine en le transférant seulement dans une autre paroisse plus éloignée des champs de l'Union. On ne s'attaque pas seulement aux vivants, on annexe encore les morts, enlevant de force aux Uniates les cadavres de leurs proches afin de les ensevelir dans le cimetière schismatique. Il y aurait tout un martyrologe à écrire s'il fallait résumer, même succinctement, l'épouvantable persécution qui sévit en Podlachie depuis plus de quinze années. Que de fois, en suivant la croisade entreprise contre l'esclavage par le cardinal Lavigerie, nous nous sommes demandé : quand donc un apôtre de cette trempe ira-t-il raconter au monde l'horreur de la persécution religieuse éternisée en Russie et prêcher une croisade de délivrance en faveur de malheureux Uniates ! »

CHAPITRE VIII

LA TOLÉRANCE RUSSE ET LES CATHOLIQUES DE RITE LATIN

Les cultes « étrangers », et, dans l'empire des tsars, l'orthodoxie officielle mise à part, ce qualificatif convient à tous les cultes, les cultes étrangers ne sont « tolérés » qu'à trois conditions, c'est à savoir : — 1° de se laisser plier docilement aux formes administratives du culte dominant, de supporter par conséquent l'intervention incessante d'une bureaucratie oppressive et officielle ; 2° de se confiner dans leurs frontières historiques, se cantonnant parmi les populations qui les ont reçus de leurs ancêtres, avec défense absolue d'en jamais sortir pour faire œuvre de prosélytisme, surtout auprès des fidèles de l'Orthodoxie ; — 3° de subir sans protestation le prosélytisme de l'église officielle, seule autorisée, et toujours soutenue dans ses entreprises les plus audacieuses par.. tous les représentants de l'autorité publique. Ces conditions scrupuleusement respectées, on peut impunément en Russie se dire musulman, juif, protestant et même catholique. La communauté dont on fait partie jouit officiellement de la tolérance russe. Le bon plaisir du tsar, la réservant à une plus lente agonie, la soustrait momentanément à l'extermination brutale par la loi et par le bourreau.

« Le gouvernement russe, dit Leroy-Beaulieu, tend à donner à tous les cultes de l'empire une organisation analogue à celle de l'Eglise orthodoxe. Chez tous il aime à transporter les formes bureaucratiques imposées à l'Eglise dominante. Il y a trouvé double profit ; c'est d'abord de leur donner un gouvernement intérieur russe, indépendant de l'étanger ; c'est ensuite d'en centraliser les affaires pour les mieux tenir sous sa main. Cela est surtout sensible pour les confessions chrétiennes. Les Catholiques, les Arméniens, les Protestants ont du se plier aux pratiques administratives russes. Dans chaque confession se rencontre, sous des désignations diverses, au-dessus de la hiérarchie propre à chaque église, une sorte de synode central pourvu de représentants laïques du pouvoir civil ; chacune a ses consistoires dotés, pour ses fidèles, de fonctions analogues à celles des consistoires orthodoxes pour les Russes de rite grec. La constitution ecclésiastique de Pierre-le-Grand est une sorte de lit de Procuste sur lequel toutes les Eglises ont été successivement ajustées ; plusieurs en ont été mutilées (1). »

« Jusqu'à Pierre-le-Grand, la Russie était, sauf quelques Tatars mahométans, un Etat exclusivement orthodoxe. En étendant ses frontières en Europe et en Asie, il lui a fallu faire une place légale au culte des contrées annexées. A chaque acquisition, les tsars s'étaient engagés à respecter la religion de leurs nouvelles provinces. Ils n'en étaient pas moins les tsars orthodoxes, jaloux de conserver à leur Eglise, parmi leurs anciens

(1) Leroy-Beaulieu. — *L'Empire de Tsars et les Russes*, t. III, 584.

sujets, son antique monopole. Cela explique la politique confessionnelle de la Russie. L'Eglise orthodoxe est restée l'Eglise russe ; elle a toutes les faveurs et tous les droits. Les autres cultes introduits dans l'empire par la conquête ont été autorisés pour les populations conquises, non pour les Russes de la vieille Russie. Le Polonais a pu demeurer catholique, le Tatar, musulman, l'Allemand, protestant, le Juif, juif ; mais le Russe doit demeurer orthodoxe, et toute conquête de l'orthodoxie sur les cultes dissidents fut regardée comme un gain de la Russie sur les nationalités étrangères...., Les dissidents ne peuvent faire de prosélytes les uns chez les autres. Le monopole de l'Eglise orthodoxe, en fait de propagande, n'admet pas de concurrence. L'empire est un champ dont la culture religieuse lui est réservée ; elle seule a le droit d'y semer l'Evangile. Juifs, mahométans, païens ne doivent entrer dans le christianisme que par la porte officielle. On compte ainsi en faire des Russes en même temps que des chrétiens. Le Juif de Lithuanie, qui vit au milieu des catholiques, ne peut embrasser leur foi ; le musulman qui, dans la Transcaucasie, vit à côté de l'Arménien, ne peut recevoir de lui le baptême sans une instance auprès du ministre de l'intérieur qui, dans sa décision, ne consulte que le bien de l'empire. Pour instruire un infidèle dans leur croyance, il faut aux catholiques ou aux protestants une permission impériale spéciale pour chaque cas..... Un article du code interdit aux orthodoxes de changer de religion, un autre fixe les pénalités encourues pour ce genre de crime. Le fidèle enclin à sortir de l'orthodoxie est, d'abord, livré à l'exhortation paternelle du clergé paroissial, puis déféré au consistoire, de là au synode ; il peut être condamné à la pénitence ecclésiastique dans un couvent. L'apostasie entraîne la perte des droits civils. Le Russe qui abandonne la foi nationale devient inhabile à posséder ou à hériter. Ses proches peuvent s'emparer de ses biens ou le frustrer de son héritage. Le prosélytisme étant le privilège légal de l'Eglise officielle, il est interdit de s'opposer à l'exercice du monopole que lui confère la loi. C'est un délit d'engager à quitter la foi orthodoxe ; c'en est un de détourner de l'embrasser. Un Russe vient-il à déserter la foi nationale, son père, sa mère, ses parents les plus proches sont tenus de le dénoncer. Il est prescrit aux autorités civiles et militaires de veiller à l'exécution de ces lois (1) ?

« A la propagande officielle aucun encouragement n'est refusé. Tout lui est licite. Laïque ou ecclésiastique, chacun doit lui laisser le champ libre. Pour lui venir en aide, il existe des Sociétés patronnées par la famille impériale. Les missions russes sont une entreprise politique autant que religieuse. Hormis la violence matérielle, le gouvernement met à leur disposition tous les stimulants dont il peut disposer. Chaque année le haut-procureur publie le bulletin des conquêtes des armes orthodoxes sur des adversaires préalablement désarmés. Le Christ a dit : « Vous serez des pêcheurs d'hommes » ; la Russie a soin d'amorcer les lignes de ses apôtres. Naguère encore, en Asie, en Europe, on attirait les hétérodoxes avec des promesses de concessions de terres ou d'exemptions d'impôts. Dans un pays où tout vient du gouvernement, chacun comprend du reste l'avantage d'appartenir à l'Eglise du tsar. Il y a des récompenses pour les convertisseurs comme pour les convertis ; ces exploits spirituels ont été tarifés. Tout chrétien ayant fait baptiser cent juifs ou infidèles a droit à l'ordre de Sainte-Anne (2). »

Un point très important à noter, c'est qu'aux yeux des Russes, la foi romaine passe pour irrévocablement liée à la Pologne, comme l'orthodoxie à la Moscovie, et partant, catholique est en Russie synonyme de Polonais comme orthodoxe est synonyme de Russe. Et de fait, n'est-ce pas le catholicisme, qui a procuré à la Pologne le bienfait de la civilisation latine et fait de la nation polonaise éclairée et progressive l'antagoniste toujours redoutée de la nation moscovite, routinière et byzantine? Pour ces deux motifs le Russe déteste le rite latin et combat en lui le *polonisme* qui menace sa nationalité, et le *latinisme* qui, à l'en croire, menace son

(1) *Id.*, *ibid.*, 520, 376, 378.
(2) *Id.*, *ibid.*, p. 371.

génie, le prétendu génie slave, dont le génie latin, serait l'ennemi le plus dangereux.

Il suit de là, qu'entre Rome et Saint-Pétersbourg l'opposition est radicale, la tension constante, la lutte trop souvent inévitable; car, d'une part, il est de toute évidence que l'Eglise romaine ne souscrira jamais aux conditions de la tolérance russe, par la raison bien simple que ces conditions sont la négation directe de ses droits les plus imprescriptibles : droit de se gouverner elle-même, droit de faire entendre à tous la parole de vérité, droit de protéger ses enfants contre le péril de la séduction ; — et, d'autre part, il n'est pas moins certain que, sur ces divers points, le gouvernement russe, soit conviction, soit passion, ne fera ni grâce, ni concession. Il n'en a jamais fait, et depuis trois siècles, sa conduite, toujours la même vis-à-vis des dissidents que la conquête a fait passer sous sa loi, atteste, chez lui, l'inébranlable résolution de prendre pour règle inviolable de sa politique religieuse, l'étrange théorie d'*asservissement*, de *cantonnement* et de *refoulement* que les défenseurs officiels de l'orthodoxie s'obstinent à décorer du nom de tolérance ou de liberté. Et la lutte fatale entre les deux pouvoirs sera d'autant plus longue, ardente et meurtrière que Rome est plus incapable de fléchir quand ses droits essentiels sont en jeu, et que Pétersbourg est plus décidée à n'user d'aucun ménagement vis-à-vis d'un culte auquel ses attaches historiques avec la Pologne ont attiré avec les préventions voulues du pouvoir, l'antipathie aveugle de la foule.

L'histoire du catholicisme latin, dans la Pologne russe, n'est en réalité que l'histoire de cette lutte; lutte solennelle qui tient en présence, toujours prêtes à en venir aux mains, deux nationalités, deux civilisations, deux religions ; lutte terrible qui prend à certaines époques plus troublées, en 1772, en 1830, en 1863, par exemple, les proportions d'une guerre d'extermination ; lutte de tous les jours, où on voit la Pologne toujours vaincue, se consumer en efforts surhumains pour secouer le joug qui l'oppresse, ou au moins pour écarter la main de son impitoyable ennemi qui cherche à l'étouffer après l'avoir terrassée ; lutte glorieuse au vaincu, ignominieuse pour le vainqueur. Pour en saisir la gravité et le caractère, il suffit au reste d'avoir des yeux et des oreilles ; car elle se continue au grand jour.

Aujourd'hui, en effet, comme hier, comme toujours, le gouvernement traite le catholicisme en *étranger suspect* ; son devoir est de l'asservir, de le cantonner, de le refouler ; et en *ennemi irréconciliable* ; son droit, pense-t-il, est de travailler à sa ruine, de l'enchaîner quand il succombe, de le frapper quand il proteste, et d'exterminer ceux qui osent le défendre les armes à la main. Nous connaissons cette théorie ; Pétersbourg qui la formule sans rougir, l'applique sans sourciller.

Pour briser les résistances comme pour réprimer les révoltes de son « ennemi », il use contre lui avec une sauvage énergie, du fer, du feu, de la spoliation, de l'emprisonnement, de l'exil. Lors du premier partage, les cosaques pillent, incendient et tuent sans discernement ; lors des insurrections de 1830 et de 1863, le sang coule à flots dans les plaines de la Pologne et de la Lithuanie, les prisons russes se remplissent de prêtres et de fidèles vaincus, les solitudes et les bagnes de la Sibérie se peuplent de polonais patriotes et martyrs ; aujourd'hui encore il n'est pas rare qu'un fils de la catholique Pologne expie par la spoliation, la prison ou l'exil, le crime d'avoir trop aimé l'Eglise et sa Patrie.

« L'étranger » le trouble ; à tout prix il faut l'*asservir* et lui faire endosser la livrée russe, en le forçant à revêtir une constitution ecclésiastique taillée sur le modèle du très saint Synode. C'est dans ce but, c'est-à-dire, pour humilier et pour subjuguer les catholiques du rite latin, que le gouvernement impérial a créé le « collège catholique romain » de Pétersbourg. Ce collège composé d'un certain nombre de délégués choisis par les chapitres diocésains et agréés par le gouvernement, et présidé par l'archevêque de Mohilev primat de l'empire, est chargé d'administrer au spirituel et au temporel sous le contrôle d'un procureur impérial, les douze diocèses que l'Eglise romaine compte aujourd'hui encore en Russie.

Cette institution a évidemment pour but de soustraire à l'action du Pape, pour le mettre en entier dans les mains du tsar, le gouvernement des catholiques latins de l'Empire. L'archevêque de Mohilev, en effet, n'est et ne peut être, *dans la pensée du tsar* qui le nomme, que le chef nominal des fidèles de son rite et de sa communion, le témoin, et qui sait ? toujours *dans la pensée du tsar*, peut-être même le complice des attentats du procureur impérial, un laïque exécuteur docile des ordres de son maître orthodoxe et véritable supérieur du « collège ». En outre, à l'instar des éparchies orthodoxes, les diocèses catholiques ont été pourvus de *consistoires* dont les membres, désignés par l'évêque, doivent être confirmés par l'autorité civile ; nouvelle immixtion du pouvoir civil dans les affaires ecclésiastiques, source intarissable de difficultés pour l'administration diocésaine. Le gouvernement ne perd aucune occasion de contrarier l'action épiscopale. Les prêtres révoltés ou insoumis sont sûrs d'avoir son appui ; la police surveille les moindres démarches des Ordinaires ; la censure contrôle leurs mandements, le gouverneur autorise leurs visites pastorales, l'Etat leur rend très difficile toute communication avec Rome.

On voit par là combien impossible est l'établissement de relations pacifiques entre Pétersbourg et le Vatican, combien malaisé est tout *modus vivendi* entre les papes et les tsars ; ceux-ci ne voulant à aucun prix sacrifier le mécanisme bureaucratique, qui enserre, comprime et torture l'Eglise ; ceux-là ne pouvant pas, sans protestation, tolérer l'usage de cet instrument de supplice. De là, les plaintes de Grégoire XIII, les protestations de Pie IX contre l'assujettissement de l'épiscopat aux consistoires diocésains et au collège de Pétersbourg, les négociations de Léon XIII, revendiquant, pour les évêques, la libre administration de leurs diocèses.

Asservir l'Eglise catholique n'est au pouvoir d'aucun homme ; la *cantonner* est plus impossible encore, car *catholicisme* et *nationalisme* sont contradictoires. Cela n'a pas empêché le gouvernement impérial de tenter l'irréalisable entreprise d'enfermer le catholicisme latin dans les limites étroites de la nationalité polonaise. Voici la suite de ses attentats ; tout d'abord il a cherché par tous les moyens à détacher la Pologne de l'Eglise romaine. Dès le premier partage, Catherine II, aidée de l'évêque Siestrencewicz s'efforçait d'enfermer ses sujets catholiques dans les frontières de l'empire, et rêvait d'une église *polonaise* strictement nationale, ne gardant de Rome que la discipline et la liturgie, indépendante à la fois du Saint-Siège et du Saint-Synode. Nicolas et Alexandre II ont plusieurs fois repris le rêve de Catherine qui n'allait à rien moins qu'à briser toutes les chaînes qui rattachent la Pologne à Rome et à éliminer du culte catholique ce qui en est l'essence, l'union avec le chef de l'Église, la catholicité. Rêve insensé ! Les folles tentatives de Catherine, de Nicolas et d'Alexandre pour dresser au schisme la nation polonaise, n'ont réussi qu'à mettre dans un jour plus vif l'inébranlable résolution des Polonais de rester unis au centre de la catholicité. La persécution tantôt sourde, tantôt violente, que son amour pour le pape a attirée sur la Pologne a rendu cet amour plus ferme et plus pur. Une église latino-slave indépendante de Rome est une chimère. On a fini par le comprendre à Pétersbourg, et le cabinet impérial, n'osant plus les interdire, se contente aujourd'hui de surveiller, pour les contrôler, les relations de ses sujets avec le Saint-Siège.

Le Polonais n'est pas seulement croyant, il est apôtre. Impuissant à lui ravir sa foi, le tsar ne pourra-t-il du moins entraver son apostolat au point de le rendre stérile? Si la force ne peut pas étouffer la foi, n'a-t-elle pas toute facilité pour en entraver les manifestations extérieures? De là les précautions minutieuses et les mesures draconniennes prises par le gouvernement orthodoxe pour paralyser dans tout l'empire le prosélytisme des catholiques latins. Défense leur a été faite, sous les peines les plus sévères, d'entreprendre, sous aucun prétexte, de convertir un orthodoxe, d'administrer le baptême à un infidèle sans une autorisation du ministre de l'intérieur, d'admettre aux sacrements les catholiques de rite grec. Ces dures prohibitions sont encore en pleine vigueur. Les cloisons confessionnelles de la frontière occidentale sont tombées ou menacent ruine, celles de la frontière orientale sont toujours debout, et leurs portes toujours bien gardées ne s'ouvrent qu'aux représentants de l'orthodoxie, chargés officiellement d'appliquer aux malheureux catholiques si durement cantonnés l'odieux système du *refoulement.*

Aux apostats toutes les promesses, les popes en sont prodigues ; toutes les faveurs, le gouvernement les énumère avec complaisance ; concessions de terre, exemptions d'impôts, honneurs. — Aux fidèles toutes les vexations du pouvoir, les lois d'exception et les incapacités civiles. « Alexandre II avait enlevé aux catholiques polonais des provinces occidentales le droit d'acheter des terres ou d'en louer à bail. Ces lois de son père qui n'avaient profité qu'aux Allemands, Alexandre III, au lieu de les adoucir, les a aggravées par l'ukaze de décembre 1884. Dans toute la Russie occidentale, pour pouvoir acquérir un immeuble rural par vente, legs ou donation, il faut être Russe, et n'est considéré comme Russe que l'orthodoxe. — Ce que garantit à ses sujets tout gouvernement moderne, l'égalité civile et le libre accès aux emplois publics, les catholiques, comme les juifs, en sont privés, en fait, sinon en droit. Là où la porte ne leur est pas fermée, ils ne franchissent guère les degrés inférieurs de la bureaucratie. Bien peu parviennent à s'élever (1) ». — Aux enfants nés de mariages mixtes, défense absolue et *légale* de suivre la foi du parent catholique ; comme l'enfant issu de parents orthodoxes, il est irrévocablement enchaîné à l'orthodoxie. — Aux catholiques de rite grec passés au rite latin depuis 1830, ordre est intimé par les popes de reprendre le rite grec, et de passer à l'orthodoxie.

Plus de moines. « La plupart des couvents ont été supprimés à la suite de l'insurrection de 1863. Dans ceux qui n'ont pas été fermés, le nombre des moines ou des religieuses a été limité par un ukaze. Ils ne peuvent plus recevoir de novices, ou ils ne sont autorisés à en admettre que si le nombre des religieux est tombé au-dessous d'un certain chiffre. En Lithuanie, les plus beaux monastères ont été enlevés aux catholiques. » Plus de Jésuites surtout. « En 1878-1879, lorsqu'on appela à l'église Sainte-Catherine de Pétersbourg

(1) LEROY-BEAULIEU, *op. cit.*, p. 504.

quelques dominicains, le gouvernement eut soin de faire signer par le général des Frères Prêcheurs que ces religieux étrangers étaient bien des dominicains et non des jésuites. Naguère encore, un savant jésuite, d'origine russe, catholique, se voyait refuser l'autorisation d'entrer en Russie pour faire des recherches dans les bibliothèques. »

Presque plus de prêtres. Voilà quarante ans que le gouvernement, de parti pris, entrave le recrutement du clergé séculier. Le nombre des séminaires a été diminué ; et dans ceux qui ont été conservés, on a limité le nombre des séminaristes. Les portes des simples séminaires, tout comme celles de l'*Académie*, sorte de faculté de théologie catholique dont le siège est à Pétersbourg, ne s'ouvrent qu'à deux conditions, à savoir ; un examen rigoureux, imposé à tous, et l'autorisation du gouvernement refusée à plusieurs. L'examen a pour but de rendre inabordable l'accès du sacerdoce à la plupart des jeunes gens, — grâce à Dieu, leur nombre est grand — qui ne reculent pas devant une vocation qui peut mener en Sibérie. L'autorisation permet d'écarter ceux des lauréats dont les lumières, les vertus ou le patriotisme seraient de nature à éveiller les susceptibilités du pouvoir. « Le gouvernement se montre défiant, surtout vis-à-vis des Polonais, qu'il cherche à remplacer par des Samogitiens. « De nombreuses paroisses sont sans curé ou ne sont desservies que par un curé missionnaire, qui ne les visite que de loin en loin. En certaines contrées, les catholiques, privés de prêtres, en sont réduits, pour ne pas se passer de tout service divin, à chanter entre laïques, des hymnes et des cantiques ».

Presque pas d'évêques. Les sept diocèses du royaume de Pologne, aussi bien que les cinq de l'empire russe, vaquent très souvent. Les évêques morts demeurent des années sans être remplacés, et, parmi les vivants, il en est presque toujours quelques-uns de déportés ou d'internés loin de leur diocèse. Nulle liberté pour l'enseignement religieux des fidèles. Les sermons des simples curés, aussi bien que les mandements des évêques doivent passer par la censure : donc il faut les écrire et les lire ;

défense de faire le catéchisme ou de prêcher en petit-russien ou en blanc-russien là même où les fidèles ne comprennent qu'imparfaitement le polonais ; la prédication en samogitien, langue populaire de Lithuanie, est simplement tolérée ; il n'est cependant permis d'imprimer des livres de messe et des catéchismes en samogitien qu'à la condition de russifier l'alphabet. « Les anciens livres liturgiques des samogitiens étaient imprimés en caractères latins ; le gouvernement en a fait imprimer en caractères cyrilliques, inconnus de la population à laquelle il en imposait l'usage. »

L'usage du polonais pour la liturgie secondaire, prédication, catéchisme, cantiques, longtemps autorisé dans toutes les églises du rite latin, est aujourd'hui officiellement déconseillé partout et sera peut-être absolument interdit demain et remplacé par le russe jusque dans les églises de la Pologne proprement dite.

Autrefois il était interdit aux ministres de cultes étrangers de prêcher en russe ; les laisser prêcher en russe, c'eût été exposer les Russes à leur prosélytisme. Aujourd'hui le gouvernement enjoint ce qu'il prohibait jadis. Subordonnant les considérations religieuses aux considérations politiques, il cherche à introduire l'usage du russe dans la prière catholique comme dans le prêche protestant. Il fait imprimer en russe des livres de prières romains ou luthériens, au risque d'en mettre les doctrines à la portée du peuple. C'est ainsi que, en certaines localités, une édition russe du psautier protestant a servi à la propagande stundiste ».

CHAPITRE IX

JUSTICE ET LIBERTÉ.

Telle est, au début du xxe siècle, la condition du catholicisme, sur terre russe, de la Vistule à la mer du Japon, et des rivages de l'Océan glacial arctique aux confins de la Turquie, de la Perse et de la Chine ; voué à l'extermination sous la forme grecque, et, sous la forme latine, comprimé jusqu'à l'étouffement. Crime d'Etat, que de reconnaître, quand on est grec de rite, l'autorité de l'Evêque de Rome ; crime d'Etat, que de prêcher, quand on est catholique latin, son rite et sa foi à un sujet non latin de l'Empire. Sur toute l'étendue de l'immense Russie, d'Asie et d'Europe, plus un prêtre de rite grec et pas un missionnaire de rite latin. Au prêtre catholique grec, interdiction absolue de séjour, et, à l'Union qu'il représente, la mort sans phrase. Au prêtre catholique latin, étranger ou indigène, défense absolue de toute propagande, et, à l'église qu'il sert, l'oppression sous toutes les formes. La moitié de l'Europe, la cinquième partie du monde habité, légalement soustraite à l'action de Rome, brutalement fermée à l'apostolat catholique.

Si intolérable est, depuis le triomphe de l'orthodoxie moscovite, le sort de nos frères de tout rite, sur les rives de la Vistule, du Dniéper et de la Düna ; si dur est le martyre enduré, là-bas, depuis plus d'un siècle, par tous les amis de Rome ; si cruellement habile a été la persécution incessante exercée contre notre foi par les représentants d'une autocratie jalouse et brutale, qu'il n'a fallu rien de moins que la miraculeuse endurance de la véritable Eglise pour supporter sans périr le poids d'une pareille tyrannie. Que de fois on a pu croire à jamais perdue, sous le sceptre des tsars, la cause catholique et romaine ! Que de fois, sur terre russe, le catholicisme aurait dû mourir, noyé dans le sang de ses enfants ou étouffé sous les étreintes d'une législation sans dignité et sans entrailles !

Et cependant, le catholicisme est debout ; et Rome n'a perdu aucune de ses espérances. Le souvenir des bienfaits de l'Union ne saurait s'éteindre au cœur des Ruthènes, Petits-Russiens et Blancs-Russiens, que le sabre et le knout ont asservis au saint Synode. Loin d'avoir faibli sous les coups de l'astuce et de la violence, les catholiques de rite latin restent et se montrent aussi croyants, mieux confiants et plus dociles. Dix millions d'ouvriers et de paysans, dans les plaines de la Vistule et du Niémen, demandent à peu près uniquement à la foi catholique la résignation et l'espérance ; des milliers de jeunes gens, polonais et lithuaniens, implorent hélas! en vain jusqu'à ce jour, au nom de la foi romaine, la possibilité de donner leur vie au sacerdoce et à l'apostolat. La semence des catholiques tombée des veines de la Pologne martyre, sur tous les champs de l'Empire rougis de son sang, vit et sourd lentement jusque sous les neiges de la Sibérie.

Arrive le printemps, et la moisson sera splendide. Quand viendra le dégel? Quand se produira la débâcle? C'est le secret de Dieu. L'Eglise sait souffrir, l'Eglise sait attendre. Ce n'est pas de son sein que sortent les nihilistes. La patience est son honneur et le martyre sa force. Les persécuteurs s'en vont et l'Eglise reste. Là-bas, comme chez nous, elle n'attend pour réparer ses malheurs et multiplier ses largesses que le respect des deux bienfaits dont elle a donné la réalité au monde : la justice et la liberté.

TABLE DES MATIÈRES

OUVRAGES A CONSULTER

S. OKOLSCZY, O. S. D. *Kiovlensium et Czerniechoviensium Episcopis*, Léopol. 1645 ; — J. KULCZYNSKI, *Specimen Ecclesiæ Ruthen.*, Romæ, 1733-1734 ; réédité par le Rév. Père Martinov, S. J. Paris, 1859 ; — CHR. G. FRIESE, *de episcopatu Kiovlensi*, *Varsav.*, 1763.

SCHERER, *Annales de la Petite-Russie*, Paris 1788 ; — ENGEL, *Geschichte von Halitsch und Wladimir*, Halle, 1796 ; — SCHMITT, *Kritische Geschichte der neugriechische und russisch Kirche*, Mainz, 1840 ; — *Persécution et souffrances de l'Église catholique en Russie, par un conseiller d'Etat de la Russie*, Paris, 1841 ; — THEINER, *Monumenta vetera Poloniæ*, 4 vol., Rome, 1860-1864 ; — LESCŒUR, *L'Église catholique en Pologne sous le gouvernement russe*, Paris, 1860 ; — LELEWEL, *Histoire de la Lithuanie et de la Ruthénie*, Paris, 1861 ; — M. HARASIEWICZ, *Annales ecclesiæ Ruthen.*, Léopol. 1862 ; — TOLSTOÏ, *Le catholicisme romain en Russie*, Paris, 1863 ; — *Persécutions de l'église en Lithuanie*, trad. du polonais par Lescœur, Paris, 1873 ; — Dr JULIAN PELESZ, *Geschichte der Union der ruthenische Kirche mit Rom.*, 2 vol. Vienne, 1878-1880 ; — DOM GUÉPIN, *Vie de saint Josaphat martyr et l'Église grecque unie en Pologne*, Paris, 2e édit 1897 ; — CH. DUPUIS, *Russie et Pologne*, dans les *Annales de l'Ecole libre des sciences politiques*, 1897 ; — PODEBONOSTZEFF, *Questions religieuses, sociales et politiques, pensées d'un homme d'Etat*, Paris, 1897 ; — LE QUIEN, *Oriens Christianus*, I, 1257-1282, III, 1127 suiv. ; — MORONI, *Dizionario*, LIX, 327 suiv. ; HERGENROETHER, *Histoire de l'Église* ; — A. LEROY-BEAULIEU, *L'Empire des Tsars et les Russes*. t. III, Paris, 1896 ; — *Kirchenlexicon*, t. VII, *Kiew* 428-444 (1891).

Imprimerie BUSSIÈRE. — Saint-Amand (Cher).

www.ingramcontent.com/pod-product-compliance
Lightning Source LLC
LaVergne TN
LVHW010037230826
846091LV00005B/1745

* 9 7 8 2 0 1 2 7 8 0 9 3 4 *